AF601843

La vida digital de los medios y la comunicación 2

NUEVOS ENSAYOS SOBRE LAS AUDIENCIAS, EL CONTENIDO Y LOS NEGOCIOS EN INTERNET

Edición:
LEANDRO AFRICANO

Diseño de tapa:
ESTUDIO ARGIZ

La vida digital de los medios y la comunicación 2

NUEVOS ENSAYOS SOBRE LAS AUDIENCIAS, EL CONTENIDO Y LOS NEGOCIOS EN INTERNET

Autores: *Gonzalo Brujó*
Adriana Amado
Tomás Balmaceda
César Vacchiano
Aldana Vales
Mariano Moro y Fabián Jalife
Ernest Riba
Florencia Lujani
Fernando Zerboni
Federico Isuani
Julia Kaiser
Cintia González Oviedo

GRANICA
ARGENTINA - ESPAÑA - MÉXICO - CHILE - URUGUAY

ARGENTINA
Ediciones Granica S.A.
Lavalle 1634 3º G / C1048AAN Buenos Aires, Argentina
granica.ar@granicaeditor.com
atencionaempresas@granicaeditor.com
Tel.: +54 (11) 4374-1456 1158549690

MÉXICO
Ediciones Granica México S.A. de C.V.
Calle Industria N° 82 - Colonia Nextengo - Delegación Azcapotzalco
Ciudad de México - C.P. 02070 México
granica.mx@granicaeditor.com
Tel.: +52 (55) 5360-1010 5537315932

URUGUAY
granica.uy@granicaeditor.com
Tel: +59 (82) 413-6195 - Fax: +59 (82) 413-3042

CHILE
granica.cl@granicaeditor.com
Tel.: +56 2 8107455

ESPAÑA
granica.es@granicaeditor.com
Tel.: +34 (93) 635 4120

www.granicaeditor.com

ISBN 978-987-

Hecho el depósito que marca la ley 11.723

Impreso en Argentina. *Printed in Argentina*

La vida digital de los medios y la comunicación : nuevos ensayos sobre las audiencias, el contenido y los negocios en Internet / Gonzalo Brujó... [*et al.*].-
1a edición especial - Ciudad Autónoma de Buenos Aires : Granica, 2021.
216 p. ; 22 x 15 cm.

ISBN 978-987-8358-92-5

1. Internet. I. Brujó, Gonzalo.
CDD 302.231

ÍNDICE

Prólogo

BIENVENIDOS NUEVAMENTE, *por Santiago Olivera* 13

Capítulo 1

CREACIÓN Y GESTIÓN DE MARCAS EN LA CULTURA DIGITAL, *por Gonzalo Brujó* 15

1. Las marcas en la era digital 16
2. De industrias a "arenas" 22
3. Creación y gestión de marcas en la era digital 26
4. Conclusión 35

Capítulo 2

LA PUBLICIDAD SIEMPRE SUPO QUÉ ERA LA POSVERDAD, *por Adriana Amado* 37

Publicidad política y publicidad publicitaria 40

Ni verdad, ni mentira: promesa publicitaria 43

El *story telling, story lying* 45
Aprobación o cancelación 47
Bibliografía 49

Capítulo 3
LA PARADOJA DE LA CONFIANZA Y LA CULTURA
DE LA INFLUENCIA, *por Tomás Balmaceda* 53
1. La paradoja de la confianza 54
2. ¿Qué es la influencia? 63
3. Cultura de la Influencia, un marco posible para disolver la paradoja de la confianza 67
Bibliografía 71

Capítulo 4
CULTURA Y PUBLICIDAD DIGITAL,
por César Vacchiano 73
La importancia del mundo digital 77
Necesidades digitales de los anunciantes 85
Capacidad digital 87
¿La agencia ideal? 88
Desafíos futuros 91
La agencia del futuro 94

Capítulo 5
PERIODISMO Y PUBLICIDAD EN EL MUNDO DIGITAL,
por Aldana Vales 97
Publicidad que huye hacia el triopolio 100

Pecado original 102

Pagar por la información 105

La tiranía del *clickbait* 107

Capítulo 6

ENGAGEMENT (Y CULTURA) *END-TO-END*,

por Mariano Moro y Fabián Jalife 109

1. ¿Por qué end-to-end? 109
2. End-to-end en estrategias online y offline 111
3. Captación: Pensar y diseñar el *engagement driver* 114
4. Conversión: Activar el engagement en el *consumer journey* 117
5. Retroalimentación: Sostener el engagement 118
6. Reglas de éxito 120

Capítulo 7

LA MARCA DIGITAL COMO LUGAR, *por Ernest Riba* 123

Procesos de digitalización 127

Definir el rol en la ciudad 129

Bibliografía 135

Capítulo 8

DE LA PERFORMANCE A LA PERMANENCIA,

por Florencia Lujani 137

1. De compras en un mundo en llamas 138
2. Los desafíos y oportunidades 142
3. Casos de éxito para la economía, la sociedad, y el planeta 148

Capítulo 9

CULTURAS PARA UN NUEVO MUNDO DIGITAL,
por Fernando Zerboni 153

Primera Idea: La obviedad del cambio 154

Segunda Idea: ¿Qué es la Cultura? 157

Tercera idea: Los equipos 159

Cuarta Idea: El mundo digital 161

Quinta Idea: Un cambio de época 163

Sexta Idea: Agregando herramientas a la caja 164

Finalizando: Una propuesta 165

Agradecimientos 167

Capítulo 10

EL FIN DE LA TEORÍA CREATIVISTA, *por Federico Isuani* 169

Primera visión de la publicidad 171

Llega la tecnología 172

La nueva publicidad Data-Driven 174

La nueva estructura 175

La metodología 177

Nuevos modelos 179

¿Dónde estamos? 180

El futuro 181

Capítulo 11

HACIA UN NUEVO MODELO DE AGENCIA, *por Julia Kaiser* 183

Sobre mutaciones necesarias 183

Vinieron los asteroides pero seguimos vivos 184

Houston we have a problem 187
El (hermosamente) ridículo mundo de la publicidad 189
La supervivencia del más empático 190
El camino colectivo hacia una nueva agencia 193
El futuro le pertenece a los curiosos 196

Capítulo 12
EL CAMINO HACIA CERRAR LAS BRECHAS,
por Cintia González Oviedo 201
Interpelar a las marcas 202
Nuevos marcos conceptuales 204
Herramienta clave de valor y diferenciación 206
Creatividad y nuevas oportunidades de branding 207
Sello púrpura 209
Hacia la profesionalización 211
Construcción de la influencia 212
Hackear el proceso de toma decisiones 214

PRÓLOGO

Bienvenidos nuevamente

Por SANTIAGO OLIVERA, presidente de Interact Argentina.

Imposible lanzar un libro en 2021 sin hacer mención a la pandemia. Por generaciones será recordada como "**la pandemia**". Y de todo lo que nos afectó, me detengo en un detalle: la cantidad absolutamente demencial de información que tuvimos frente a nuestros ojos: congresos, seminarios, charlas, webinar, informes, reportajes, investigaciones, coloquios, conversaciones, vivos, se sucedieron sin solución de continuidad. Y pudimos asistir a todo simplemente con un click. No tuvimos un segundo libre, porque cada uno de esos segundos era inmediatamente rellenado por información. Lo que había empezado con la aparición de Internet se volvió en una maldición: el FOMO (*fear of missing out*, temor a perderse algo) fue llevado a su máxima expresión.

Al mismo momento en que el mundo ingresó en las diversas cuarentenas, en Interact editábamos nuestro primer libro, *La vida digital de los medios y la comunicación*. Era un intento de despegarnos de la coyuntura y debatir los temas que nos preocupaban (y nos siguen preocupando) relacionados con nuestra actividad. Diferentes autores, pensadores y profesionales compartieron y lanzaron a la arena de la discusión sus miradas sobre aspectos que eran candentes e imaginaban su impacto en los próximos años.

Lo vivido durante la pandemia nos demostró que estábamos en el buen camino: ante tanta literatura y producción de conocimiento, necesitamos distancia y amplitud de mirada, salir de lo coyuntural y de lo abrumador para quedarnos en lo importante y relevante.

Por eso, aquí estamos: editando un nuevo libro que viene a completar y, al mismo tiempo, ampliar la propuesta original. Ante una necesidad de generar espacios de debate, desde Interact recogimos el guante y asumimos el compromiso de profundizar la discusión. Entendemos que en un mundo cambiante, donde nuestra actividad va escribiendo su teoría a medida que se desarrolla, donde hay pocos mojones que indiquen el camino y que ha sufrido una aceleración radical producto de la pandemia, esta discusión es imprescindible.

Para ello, hemos convocado a 13 autores con perfiles muy diversos para que se sumen a este desafío. Y salimos de Argentina, para tener miradas desde España, Estados Unidos, Inglaterra y México, todas con un acercamiento latino e hispano. Y no solo hay una mirada desde distintas geografías sino también desde distintos tópicos, ampliando la propuesta inicial y llevándola a marcas, gestión y tendencias globales de usuarios. Sin dejar de lado a la publicidad como actividad pero también como negocio.

Pretendemos –y creo que lo logramos– discutir ideas relevantes, pertinentes y también provocadoras. Que alienten la discusión y la reflexión. Que definan y tracen caminos posibles. Que nos ayuden a movernos mejor en un territorio que no ha tenido tiempo de construirse y ya está en transformación. Ojalá les resulte tan interesante como a nosotros. Y, si es así, los alentamos a seguir la conversación en los distintos foros que tiene Interact abierto: LinkedIn, Instagram, Twitter y Facebook.

CAPÍTULO 1

Creación y gestión de marcas en la cultura digital

Por GONZALO BRUJÓ

Como presidente global, Gonzalo Brujó es el director de las operaciones diarias de Interbrand Group en todo el mundo. Gonzalo trabaja día a día en el crecimiento y expansión de Interbrand de la mano de marcas líderes mundiales, muchas multinacionales e instituciones públicas. Ha desarrollado su carrera en Interbrand durante casi dos décadas. Hace tres años fue nombrado director de crecimiento global y, anteriormente, dirigió las regiones de EMEA (Europa, Medio Oriente y África) y América Latina como director general regional. Además, fue el responsable de impulsar el proyecto Interbrand en España en 2002. Es también ponente habitual en congresos, columnista, autor publicado y profesor en varias escuelas de negocios.

1. Las marcas en la era digital

El término "marca" aparece por primera vez en la literatura castellana en el siglo XIII,[1] en la obra "La fazienda de Ultramar", una "guía"

1 Consultado el 1 de junio de 2021 en la herramienta Enclave RAE, desarrollada por la Real Academia Española: https://enclave.rae.es/

para los peregrinos a Tierra Santa que incluía, además, una traducción de la Biblia hebrea:

> *Suso, a cabo de monte Libano, en el entrada de Capadocia, en la* ***marca*** *d'Armenia, es Antiochia, en tierra de Amath.*

En sus orígenes, "marca" –procedente del latín a partir del germánico *mark*– hacía alusión a un territorio fronterizo, a un límite que marcaba la diferencia entre un espacio y otro. Lógicamente, su uso se expande con el tiempo; en 1780, el primer Diccionario publicado por la Real Academia Española recoge otras acepciones, como:

> *La señal que se pone en alguna cosa para distinguirla y diferenciarla de otras, o para dar a conocer su calidad.*

El acto de "marcar" un objeto para diferenciarlo de otro alude a la génesis del término anglosajón *brand*, que deriva del escandinavo antiguo *brandr* (quemar).[2] Su uso reseñaba la tradición antigua de marcar al ganado –"quemándolo"– para identificarlo a la hora de comerciar con él.

Como se puede comprobar, independientemente del idioma, las marcas tienen en su propia etimología una denotación diferenciadora e identificadora que han mantenido, si bien la globalización y las sucesivas revoluciones industriales han enriquecido su significado. En 1925, el *Diccionario de la lengua española* incluyó una acepción relacionada con el ámbito mercantil:[3]

> [*marca*] *de fábrica: Distintivo o señal que el fabricante pone a los productos de su industria, y cuyo uso le pertenece exclusivamente.*

---

2 Blackett, T. (2009). *¿Qué es una marca?* En Brujó G. (Eds.), *En Clave de Marcas*. Madrid. LID Editorial Empresarial.

3 Consultada el 1 de junio de 2021 en la herramienta Enclave RAE, desarrollada por la Real Academia Española: https://enclave.rae.es/

Finalmente, en 1992 se añadió por primera vez la expresión *marca registrada:*[4]

> *Marca de fábrica o de comercio que, inscrita en el registro competente, goza de protección legal.*

Sin embargo, los profesionales de la creación y la gestión de marcas sentirán seguramente que estas definiciones son incompletas y estrechas. Oficialmente, la consultora de marca Interbrand[5] entiende el término como la "combinación de atributos, tangibles e intangibles, simbolizados por una marca registrada que, si se gestiona adecuadamente, genera valor e influencia".[6] Desarrollando un poco más, una marca es la suma de percepciones y asociaciones que una compañía genera en la mente del consumidor a través de sus acciones, que son reconocidas gracias a un estilo verbal y visual.

Definiciones, como se ve, hay muchas. Pero lo que es indudable es que una marca es un activo intangible que genera ganancias totalmente tangibles en una economía global de mercado basada en la demanda. De hecho, es el único activo inimitable de una compañía. Ya en 1997, la revista *Fortune* acertó al publicar que:

> *En el siglo XXI, la gestión de marca será el único elemento de diferenciación entre las empresas.*[7]

Cabe preguntarse por qué. ¿Qué ha ocurrido para que el activo impulsor del crecimiento y desarrollo de una corporación sea un intan-

---

4 *Ibidem.*

5 La consultora de marca Interbrand, perteneciente al holding Omnicom, fue fundada en 1974 y cuenta en 2021 con 14 oficinas en todo el mundo. Es responsable de la publicación anual del informe Best Global Brands, que recoge las 100 marcas globales más valiosas: www.interbrand.com

6 Swystun, J. (2008). *El glosario de las marcas.* Madrid. LID Editorial Empresarial.

7 Blackett, T. (2009). *¿Qué es una marca?* En Brujó G. (Eds.), *En Clave de Marcas*. Madrid. LID Editorial Empresarial.

gible como la marca? La digitalización se ha encargado de cambiar el paradigma por el que se regían los mercados, las empresas y los consumidores, y ha definido nuevas reglas que se podrían resumir en una realidad concreta: las expectativas de los consumidores van por delante de la capacidad de las empresas para satisfacerlas.[8]

Analizando el contexto nacido a partir de la cuarta revolución industrial, podemos determinar cuatro fuerzas de cambio que explican el escenario digital en el que nacen y crecen las marcas:[9]

- **Abundancia de oferta:** Las economías capitalistas desarrolladas se caracterizan, desde el final de la II Guerra Mundial, por ofrecer un amplio rango de productos y servicios a los ciudadanos. Un abanico que la digitalización y la globalización han engordado exponencialmente, llegando, en la actualidad, a una oferta sin precedentes. Nunca ha sido más fácil, rápido y barato para un consumidor explorar y probar marcas alternativas. Este crecimiento masivo se percibe muy fácilmente en el sector de la moda. Las ventas de ropa –y, por lo tanto, su producción– se han duplicado desde el año 2000, a la par que el tiempo de uso de las prendas ha disminuido más de un 20%.[10] Solo el gigante textil Zara lanza más de 18.000 diseños al año.[11] El mismo fenómeno se produce en el ámbito de las plataformas de *streaming*. Solo en 2019, Netflix lanzó 371 contenidos originales, más de uno al día,[12] cuando en 2013 solo lanzaba 16 en todo el año.

---

8 Trevail, C. (2020). Choice as consent: a new compact between business, brands and consumers. Recuperado de: https://www.interbrand.com/thinking/bgb-charles-trevail/

9 Ricca, M. (2019). The End of Positioning: Introducing Iconic Moves. *Best Global Brands 2019*.

10 Ellen MacArthur Foundation (2017). A new textiles economy: Redesigning fashion's future. Recuperado de: http://www.ellenmacarthurfoundation.org/publications

11 Vogue España. Modapedia. *Vogue España*. Consultado el 3 de junio de 2021 en: https://www.vogue.es/moda/modapedia/marcas/zara/265

12 Bridge, G. (17 de diciembre de 2019). Netflix Released More Originals in 2019 Than the Entire TV Industry Did in 2005. Variety. Recuperado de: https://variety.com/2019/tv/news/netflix-more-2019-originals-than-entire-tv-industry-in-2005-1203441709/

La saturación del mercado explica la fiera competencia de este sector, con gigantes digitales comprando estudios tradicionales para absorber catálogos y contratando a grandes estrellas de la industria para producir mejor contenido.

- **Erosión de la lealtad:** Es consecuencia de la abundancia de oferta, que no solo dificulta a las marcas el ser elegidas, sino que también erosiona la fidelidad y transforma sus mecanismos. Si, hace años, la lealtad del consumidor se fortalecía satisfaciendo sus expectativas, en la era digital este proceso es solo posible cuando una marca logra cambiarlas constantemente, porque lo que hoy resulta atractivo, mañana será aburrido. Volviendo a las plataformas de *streaming*: ante la imposibilidad del usuario de suscribirse a todas las plataformas disponibles, su lealtad disminuye drásticamente. Según cifras de la consultora Deloitte, el 62% de los suscriptores estadounidenses que se dan de alta en una plataforma para ver un contenido concreto, se dan de baja en cuanto lo concluyen,[13] aunque también existen otras razones para cancelar una suscripción: precio, cambio por otra plataforma, ausencia de contenido interesante. La lucha por la lealtad en las *streaming wars* se juega en un marco totalmente distinto al del entretenimiento tradicional.
- **Velocidad de adopción:**[14] Que el ritmo de la innovación se acelera con el progreso de la tecnología es algo normal. El cambio realmente trascendente que ha propiciado la era digital tiene que ver con la velocidad de adopción de nuevos productos y servicios por parte de los consumidores.

---

13 Arkenberg, C.; Ledger, D.; Loucks, J., y Westcott, K. (19 de enero de 2021). Digital media trends. How streaming video services can tackle subscriber churn. *Deloitte Insights*. Recuperado de: https://www2.deloitte.com/us/en/insights/industry/technology/video-streaming-services-churn-rate.html

14 Our World in Data. Technology adoption in US households. Consultado el 3 de junio de 2021 en: https://ourworldindata.org/technology-adoption#technology-adoption-in-us-households

GRÁFICO 1. Tiempo de adopción del teléfono fijo, del celular y del *smartphone* en los hogares de Estados Unidos.

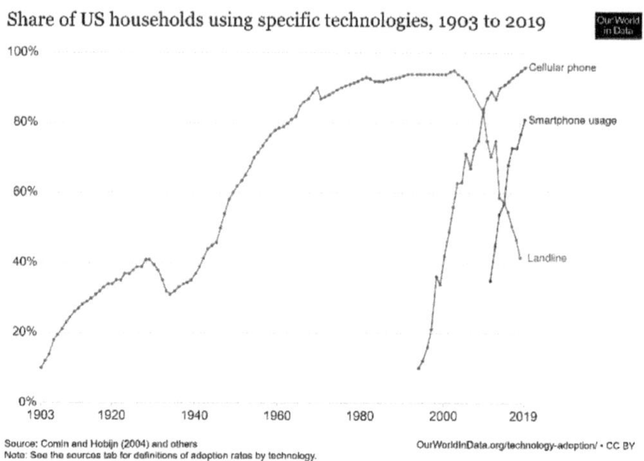

Fuente: Our World in Data

Si nos fijamos en el Gráfico 1, observaremos que, en EE.UU., la penetración del teléfono fijo no alcanzó el 50% hasta pasadas varias décadas tras su lanzamiento; en cambio, apenas una década bastó a los celulares para llegar al mismo porcentaje. Por su parte, el uso del *smartphone,* en poco más de 10 años, registra una adopción del 81%.

¿Qué supone esta aceleración para las marcas? Que la tecnología está difuminando las barreras de entrada a nuevos ecosistemas de productos y servicios, tanto para los consumidores que los pueden disfrutar, como para los competidores que quieran entrar en nuevos mercados.[15]

15 McGrath, R. (25 de noviembre de 2013). The Pace of Technology Adoption is Speeding Up. *Harvard Business Review.* Recuperado de: https://hbr.org/2013/11/the-pace-of-technology-adoption-is-speeding-up

- **Evolución en los marcos de referencia y modelos de negocio:** La nueva economía que propicia la era digital ha dado lugar a una serie de compañías que, basadas en la tecnología, cimentan su éxito en la oferta de productos y servicios innovadores. Pero el éxito de marcas como Uber, Netflix o Spotify, entre otras, no es inocuo: ha provocado un terremoto en las expectativas de los consumidores, que desean la inmediatez de Amazon[16] o la protección de la privacidad propia de Apple en otras categorías. Cambian los marcos de referencia del consumidor y cambian sus prioridades; por ejemplo: apuesta por el acceso y no tanto por la propiedad, un fenómeno que ha cambiado el sector de la movilidad para siempre y que cimenta una apuesta global por un modelo de negocio distinto al tradicional, el de suscripción. La llamada *suscription economy* creció un 437% entre enero de 2012 y diciembre de 2020,[17] aumentando el valor de las marcas que apostaban por este modelo. De hecho, según el informe *Best Global Brands*, de Interbrand, el 62% de las marcas cuyo valor creció a doble dígito en 2020 contaban con modelos de suscripción; en cambio, el 82% de aquellas que perdieron valor a doble dígito carecían de un modelo basado sustancialmente en la suscripción.[18]

La combinación de estas cuatro fuerzas en mercados hiperconectados y saturados, impulsada por la disponibilidad de capital y la eliminación de las barreras, conduce a un escenario competitivo que pone en el centro las expectativas y las necesidades del consumidor. Pasamos de un mercado de industrias a un mercado de arenas.

---

16 Hoyo, G. (13 de septiembre de 2017). La era de la inmediatez. Reason Why. Recuperado de: https://www.reasonwhy.es/actualidad/sociedad-y-consumo/la-era-de-la-inmediatez-2017-09-13

17 Subscribed Institute. The Subscription Economy Index™. March 2021. Zuora. Recuperado de: http://info.zuora.com/rs/602-QGZ-447/images/Zuora__SEI__2021__web.pdf

18 Interbrand (20 de octubre de 2020). Zoom and Tesla Enter the Ranks of Interbrand's 2020 Best Global Brands Report. *Interbrand.* Recuperado de: https://www.interbrand.com/newsroom/interbrand-reveals-2020-best-global-brands-report/

2. De industrias a "arenas"

Fue la profesora de la Columbia Business School Rita McGrath[19] quien puso en negro sobre blanco[20] un fenómeno empresarial que venía desarrollándose con la era digital: la regla que indicaba que el propósito de cualquier estrategia empresarial era desarrollar una ventaja competitiva sostenible en el tiempo ha quedado obsoleta.

Inspirada en el investigador y profesor Ian MacMillan, la académica nos explica que vivimos en mercados "hipercompetitivos", en los que las ventajas competitivas de una compañía pueden ser eliminadas rápidamente por la competencia. En consecuencia, y recordando la progresiva reducción de las barreras de entrada fomentada por el progreso tecnológico, no tiene sentido entender la economía como un organismo conformado por industrias o sectores equivalentes a compartimentos estancos.

McGrath nos insta a que borremos de nuestra mente la asunción por la cual las principales amenazas de una corporación proceden de los "sospechosos habituales", es decir, de aquellos que se mueven en el núcleo de la misma industria; y es que, cada vez más, "vemos industrias compitiendo contra industrias, modelos de negocio compitiendo contra modelos de negocio (incluso dentro de la misma industria), y categorías completamente nuevas que emergen".[21]

La teórica asegura que, para poder definir con más precisión el mercado surgido de la revolución digital, es más acertado hablar de "arenas" ("ámbitos competitivos") que de industrias: "Las arenas se caracterizan por una conexión particular entre consumidores y soluciones, no por la tradicional descripción de productos y servicios que son casi intercambiables entre sí".[22] Es decir: a diferencia de las indus-

---

19 Se pueden consultar todas las publicaciones de Rita McGrath en su web: https://www.ritamcgrath.com/

20 McGrath, R. (2013). *The End of Competitive Advantage: How to Keep Your Strategy Moving as Fast as Your Business.* Harvard Business Review Press.

21 *Ibidem.*

22 *Ibidem.*

trias, las arenas ya no se definen por las capacidades de las compañías, sino por las necesidades del consumidor que necesitan ser satisfechas (*jobs to be done,* tal y como acuñó el académico Clayton M. Christensen).

Así, por ejemplo, existe la arena *Play,*[23] el ámbito competitivo en el que marcas de muy distintos orígenes pelean por entretener. En este gran espacio conviven el deporte tradicional y electrónico, las plataformas de *streaming,* los videojuegos (algunos que están impulsando ya hasta marcas de lujo o de moda[24]), los festivales de música, las salas de cine y teatro, las editoriales, etc. Todas estas subcategorías buscan lo mismo: la atención, el tiempo y, en última instancia, el dinero del consumidor, que, cuando busca desconectar, puede decidir tanto ver una película en Disney+ como asistir virtualmente a un concierto de Travis Scott en Fortnite.

GRÁFICO 2. De industrias a arenas.

Industrias vs arenas		
	Industria	**Arena**
Objetivo	Ventaja competitiva.	Conquistar nuevos territorios.
Medida de éxito	Cuota de mercado.	Cuota de espacios de oportunidad.
Mayor amenaza	Movimientos competitivos de la propia industria.	Movimientos entre las industrias; disrupción de los modelos existentes
Segmentación del consumidor	Demográfica o geográfica.	Actitudinal.
Drivers	Precio, funcionalidad, calidad.	*Jobs to be done* a lo largo de la experiencia del consumidor.
Modelos de expansión	Consolidación o diversificación.	Adquisición de nuevas capacidades.

Fuente: McGrath, R. Traducción y adaptación del autor.

23 Ver en https://www.interbrand.com/arena-play/

24 Alonso, M. (25 de octubre de 2019). Burberry lanza su primer videojuego y no es la primera firma de lujo en hacerlo. Vanitatis. Recuperado de: https://www.vanitatis.elconfidencial.com/estilo/ocio/2019-10-25/videojuego-burberry-league-of-legends__2294348/

Que las marcas piensen en arenas y no en industrias tiene un impacto enorme en su gestión, como veremos más adelante, pero que se puede resumir en la siguiente afirmación de los consultores Manfredi Ricca y Andy Payne: "Las marcas reemplazan a los sectores".[25]

En otra obra fundamental para entender el mercado digital, *La estrategia del océano azul*, los profesores W. Chan Kim y Renée Mauborgne aseguraban que, "la única manera de vencer a la competencia es dejando de intentar la derrota de la competencia".[26] Para ello, nos proponen visualizar el escenario empresarial dividido en dos partes: los océanos rojos y los océanos azules.

> *Los océanos rojos representan a todos los sectores de actividad existentes en la actualidad. Este es el espacio de mercado conocido. Los océanos azules representan a todos los sectores de actividad que no existen actualmente. Este es el espacio de mercado desconocido.*[27]

La teoría de las arenas y la de los océanos azules se complementan si entendemos estos últimos como esos espacios donde se ubican los *jobs to be done*, es decir, aquellas necesidades de los consumidores que todavía no están cubiertas y que ofrecen una nueva vía de crecimiento, tanto en las cuentas financieras como en el valor que le dan los clientes.

Tal y como dicen Chan Kim y Mauborgne, los océanos azules nacen más allá de las fronteras de los rojos, si bien nacen de su interior a través de la ampliación de esos mismos límites (o "marcas", si utilizamos el término de acuerdo a su definición como territorio fronterizo).

---

25 Ricca, M. y Payne, A. (septiembre de 2019). Brands are replacing sectors. *Brandchannel #01 (Interbrand)*.

26 Chan Kim, W. y Mauborgne, R. (2015). *La estrategia del océano azul: Crear nuevos espacios de mercado donde la competencia sea irrelevante*. Profit Editorial.

27 *Ibidem*.

GRÁFICO 3. La estrategia del océano rojo versus la estrategia del océano azul.

Estrategia del océano rojo	Estrategia del océano azul
Competir en el espacio de mercado existente.	Competir en un espacio de mercado sin competencia.
Batir a la competencia.	Hacer que la competencia se torne irrelevante.
Explotar la demanda existente.	Crear y conquistar nueva demanda.
Elegir entre la disyuntiva del valor o del coste.	Poner fin a la disyuntiva del valor o del coste.
Alinear todo el sistema de actividades de una empresa con su elección estratégica de diferenciación o de bajo coste.	Alinear la totalidad del sistema de actividades de una empresa en la búsqueda de la diferenciación de bajo coste.

Fuente: Chan Kim, W. y Mauborgne R. (2015).

3. Creación y gestión de marcas en la era digital

Como decíamos anteriormente, el impacto de las arenas y de los océanos azules en la gestión de marca es absoluto: el corazón de la estrategia deja de estar arraigado a convenciones sobre sectores, categorías y marcas, sustituidas por las expectativas del consumidor que deben ser atendidas. La práctica del *branding*, por tanto, evoluciona de la mano de la era digital:

3.1. Del *branding* al *brand thinking*

La función de las marcas, tal y como las hemos entendido desde la creación de la sociedad de consumo, ha ido madurando con el lógico progreso de la economía. Su evolución puede plasmarse en cuatro etapas o eras:

- ***Age of identity* (era de la identidad).** La mejora de los transportes y el desarrollo de economías de escala, con la aparición de grandes almacenes y otros espacios *retail*, llenan los estantes de productos entre los que se puede elegir. La marca desarrolla más que nunca su acepción original: el conjunto de elementos (logo, nombre, colores, imagen) que identifican y diferencian la oferta de una compañía concreta. En ese momento, el objetivo de los directivos no era más que impulsar el conocimiento (*awareness*) de los consumidores en una conversación unidireccional controlada totalmente por la marca.

- ***Age of value* (era del valor).** El mercado se va complicando con el desarrollo de la globalización. Los movimientos relacionados con las fusiones y las adquisiciones hacen germinar la certeza de que las marcas son activos intangibles que creaban valor económico, el cual permitía, por ejemplo, establecer primas sobre los precios de los productos o servicios que el público estaba dispuesto a pagar. Los directivos empiezan a tomar más en cuenta al consumidor a través de departamentos específicos y estudios de mercado.

GRÁFICO 4.

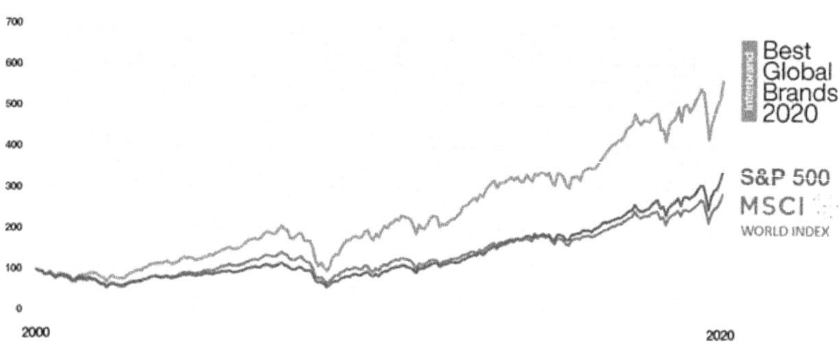

Muestra los rendimientos totales (crecimiento del precio de las acciones más dividendos) generados por la cartera de las marcas que conforman el informe Best Global Brands y que superan significativamente a los índices MSCI World y S&P 500. Esto demuestra que las marcas fuertes ayudan a obtener resultados empresariales superiores a lo largo del ciclo económico.

Fuente y elaboración: Interbrand.

- ***Age of experience* (era de la experiencia).** El poder cambia de dueño y se muda con el consumidor. Entramos en la revolución digital que, sumada a las consecuencias de la crisis financiera de 2008, erosiona la idea de que una marca solo vende productos y servicios. El público se empodera paulatinamente, exige responsabilidades y ya no valora a las marcas solo por *drivers* como el precio o la calidad, sino por la confianza que le genera su opción de compra o por la experiencia que disfruta (o no).
- ***Age of you* (era del tú).** Podría denominarse también la era de la personalización. La creciente innovación en el campo de la gestión de datos permite a las compañías conocer más que nunca a sus públicos de interés, que, además, crean y desarrollan comunidades en el mundo virtual a través, sobre todo, de las redes sociales, con las que controlan y enjuician el comportamiento de las compañías. La función de las marcas ha evolucionado hasta entrar en una nueva dimensión: su objetivo ya no es tanto la diferenciación como la creación y el mantenimiento de la relevancia en la mente del consumidor.

Esta progresiva transformación del papel de las marcas viene acompañada de un cambio también en su gestión, es decir, en la práctica del *branding*. El término, en sus inicios, aludía a una serie de actividades de carácter puntual que se ejecutaban sobre una marca, como el diseño de la identidad visual o verbal, *naming*, desarrollo de arquitecturas, posicionamiento, etc. Sin embargo, en un contexto digital, esta concepción del *branding* se queda pobre, pues las marcas ya no se definen tanto por lo que hacen, sino por cómo y por qué lo hacen.

El *branding* se transforma en *brand thinking*, es decir, en una actividad continua de gestión de marca que busca, sobre todo, una nueva manera de resolver los retos y oportunidades empresariales, impulsando el crecimiento financiero de las compañías; una práctica que pone en primer plano al consumidor y su experiencia, implicando a su vez a todos los componentes de una corporación. La estrategia de marca deja de ser competencia de un departamento de Marketing para integrarse en la estrategia de negocio y reivindicar su papel principal en los comités directivos. En definitiva, una concepción holística que necesita de un entendimiento interdisciplinar y profundo de las personas, de los negocios y de las interacciones entre ambos:

- **Personas.** Descubrir las razones que explican el cambio constante en las percepciones, necesidades y expectativas de los consumidores permite detectar nuevas oportunidades. Los públicos de interés pasan de ser el objetivo final del proceso a formar parte de él desde el principio a través de nuevas metodologías, tales como la co-creación o el desarrollo de comunidades que mantienen una conversación constante con la marca.
- **Negocios.** Cuando se detectan esos *jobs to be done* gracias a la escucha activa de esas comunidades, el análisis financiero aporta una lógica cuantitativa y comercial a la toma de decisiones, determinando los potenciales riesgos y recompensas de una idea, así como su impacto en el negocio.
- **Interacciones.** El trabajo sobre la relación entre consumidor y negocio supone el motor del cambio, ya que son las experiencias de marca las que logran influir sobre los pensamientos, emociones y actitudes de las personas. Materializando los *insights* y las ideas de negocio en acciones concretas a través del diseño, el lenguaje y la tecnología, se desarrollan redes de interacciones que generan una suma de deseo y utilidad en torno a la marca.

Estas tres lentes configuran la perspectiva desde la que enfocar la gestión de marca en cualquiera de sus fases de desarrollo.

3.2. La creación de hojas de ruta: ambición y trayectoria

No es posible el desarrollo del *brand thinking* sin la definición de hojas de ruta que establezcan un inicio, una meta deseada y los hitos que marcarán el camino hacia ella. Un mapa dinámico y capaz de adaptarse a las vicisitudes externas. Antes de ponerlo en marcha, se deben definir y concretar los siguientes elementos:

- **Punto de partida.** Es el estado actual de la marca visto a través de las tres lentes citadas más arriba: qué necesidades cubre, cuáles son sus interacciones con el cliente, cuál es su modelo de negocio, entorno competitivo y resultados.
  Una investigación exhaustiva en la que también se realiza un diagnóstico calculando cuantitativa y cualitativamente la Fuerza de Marca,[28] es decir, su capacidad de generar ganancias para el negocio en el futuro. El llamado *Brand Strength Score* (*BSS*) es una herramienta diseñada por la consultora Interbrand como parte de sus metodologías de valoración y que permite, a su vez, detectar oportunidades y debilidades en su gestión. Consta de diez factores que, en definitiva, son aquellos en los que destacan las marcas más fuertes de la era digital:

  Factores Internos

  - **Dirección.** ¿Tiene la marca un propósito y ambición alcanzables a través de un plan supeditado a una cultura y unos valores que orientan su ejecución? La plataforma de comercio electrónico líder en Latinoamérica, MercadoLibre, planta cara a Amazon en la región y controla ya el 28% del mercado[29] gracias a su propósito: "democratizar el e-commerce

28 Interbrand (2020). Best Global Brands 2020: Methodology. Consultado el 10 de junio de 2021 en: https://www.interbrand.com/thinking/best-global-brands-2020-methodology/

29 Financial Times (23 de noviembre de 2020). How MercadoLibre emerged as an ecommerce titan. Recuperado de: https://www.ft.com/content/446558a8-c0b2-449c-97a5-53b3956cd427

para los latinos". Esta dirección tan clara le ha permitido desarrollar soluciones diferenciadas frente a su principal competidor.

- **Alineación.** ¿Está toda la compañía remando en un mismo sentido y comprometida con la estrategia de marca? El propio Reed Hastings, CEO de Netflix, asegura[30] que es el compromiso con una cultura única el principal impulsor de su crecimiento a largo plazo; afirma, además, que pasa el 25% de su tiempo trabajando sobre la alineación necesaria para reforzar esa cultura.
- **Empatía.** ¿Está la compañía alineada con sus públicos de interés, los escucha y anticipa sus necesidades y deseos? Es el caso del unicornio colombiano Rappi, que ya en sus comienzos puso al consumidor en el centro de su estrategia para facilitarle el día a día, centralizando una gran variedad de servicios a través de su aplicación. Una muestra clara de su empatía fue su decisión –pionera para una empresa digital– de ofrecer el pago en efectivo, permitiendo así el acceso al comercio electrónico a millones de latinoamericanos.
- **Agilidad.** ¿La marca demuestra rapidez de respuesta ante las oportunidades y retos, adelantándose a las expectativas? Es casi incuestionable que la marca más fuerte globalmente en este aspecto es Amazon, que ha integrado una obsesión verdadera por el consumidor con tecnología punta. El gigante tecnológico ha logrado llevar la noción de agilidad a otro nivel, haciendo del futuro el nuevo estándar.

Factores externos

- **Singularidad.** ¿Posee la marca activos y experiencias propios y únicos, difíciles de replicar, que pueden ser recono-

30 Hastings, R. y Meyer, E. (2020). *Aquí no hay reglas: Netflix y la cultura de la reinvención*. Penguin Random House Grupo Editorial España.

cidos y recordados por los consumidores? Si la mexicana Corona es ya un icono (y una de las marcas más valiosas del mundo)[31] es porque, a lo largo de su trayectoria, se ha apropiado de un territorio específico, la playa, que ha inspirado la definición de su posicionamiento, comunicación y compromiso con la sostenibilidad, logrando una experiencia de marca única y reconocible gracias a, entre otras acciones, festivales de música que promueven la conexión con la naturaleza, la relajación y convivencia.

- **Coherencia.** ¿Las interacciones con los consumidores se mantienen fieles a la narrativa de la marca independientemente del canal y del contexto? La marca mexicana Ben and Frank ha logrado transformar la industria óptica en tiempo récord y, además, lo ha hecho expandiéndose desde lo 100% digital al modelo omnicanal sin perder la autenticidad de su propuesta, dirigida a un público joven.
- **Participación.** ¿Tiene la marca la habilidad de involucrar a los consumidores creando una sensación de diálogo que anima a la colaboración? Todo el modelo de Spotify ha transformado la experiencia del oyente, pero además ha logrado convertirse en un agente activo capaz de conectar usuarios y marcas gracias al poder de la música y los podcasts.
- **Presencia.** ¿La marca está en boca de sus audiencias más relevantes? ¿Los consumidores la recuerdan fácilmente cuando tienen una necesidad relacionada con su categoría? Nike se ha convertido en una de las marcas más relevantes del mundo tras colarse en la conversación global con una postura firme en cuestiones sociales. Calculando muy bien

31 Interbrand (2020). Best Global Brands 2020: Ranking. Consultado el 10 de junio de 2021 en: https://www.interbrand.com/best-global-brands/

los riesgos, acepta perder a los clientes que no quiere en busca de un bien mayor: ganar presencia.

- **Confianza.** ¿La marca es capaz de satisfacer las expectativas más exigentes de los consumidores, actúa con integridad y con los intereses de las personas en mente? La Serenísima, con 90 años de historia ligada a Argentina, es líder en la comercialización de alimentos y goza de la aprobación masiva de los argentinos gracias a que su apuesta por la innovación y por la inversión en la trazabilidad de los productos ha impulsado también el progreso de la industria alimenticia nacional.
- **Afinidad.** ¿Los consumidores sienten una conexión positiva con la marca, basada en la existencia de valores compartidos o en beneficios funcionales o emocionales? Con su transición hacia el modelo de suscripción, Adobe no solo logró asegurar ingresos recurrentes, sino que además entendió de forma sobresaliente los comportamientos y necesidades de los usuarios que utilizan sus servicios. Y es que los modelos de suscripción son grandes impulsores de afinidad.

• **Ambición y trayectoria.** Si existe un punto de partida, ha de existir una meta, la ambición, definida como el objetivo de la marca a largo plazo. Es simple, retadora e, idealmente, medible. Por ejemplo, en sus inicios, la ambición de Microsoft era poner un ordenador en cada mesa y en cada hogar.

Para alcanzar esta ambición desde el punto de partida, se trazan una o varias trayectorias, que definen el territorio que la marca recorrerá. Estos "caminos" constan de una suma de hitos o movimientos que materializan el propósito de la marca en el día a día e impulsan su crecimiento.

GRÁFICO 5. Una hoja de ruta según el modelo de *brand thinking*.

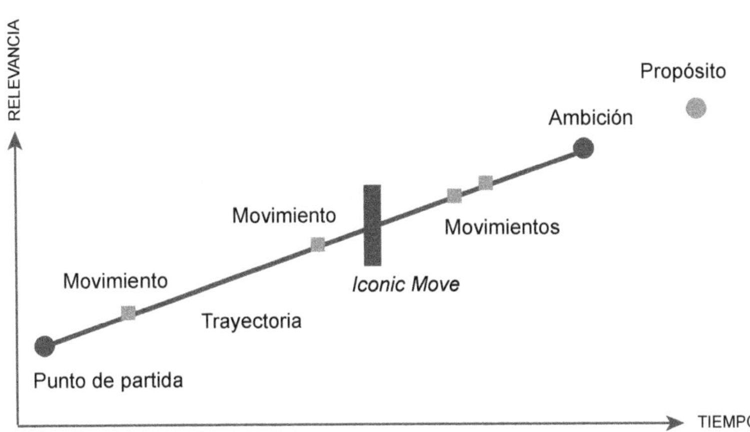

Fuente: Interbrand.

- **Movimientos.** Como hemos visto, la trayectoria se compone de una serie de movimientos, es decir, de acciones en el mercado que son visibles ante los consumidores y la competencia. Cuando estos movimientos son capaces de alterar el paisaje competitivo, la consultora Interbrand los denomina Iconic Moves, porque son capaces de:
  - **Crear un nuevo estándar.** Los Iconic Moves™ no solo cumplen con las expectativas de los consumidores, sino que las cambian totalmente a través de una combinación de utilidad y deseo.
  - **Impulsar el cambio interno.** Un movimiento de este tipo va mucho más allá de una campaña o anuncio; para que tenga éxito, la organización debe cambiar, adquiriendo nuevas capacidades, por ejemplo.
  - **Crear un monopolio temporal.** Al cambiar las expectativas de los consumidores, las marcas que impulsan un Iconic Move™ levantan barreras de entrada que pueden durar más o menos en el tiempo.

- **Generar resultados extraordinarios.** Los Iconic Moves™ no están diseñados para que el crecimiento sea orgánico y estable, sino para ofrecer un impulso notable de los resultados más allá del patrón ordinario; resultados que pueden ser monetarios o relacionados con otra métrica clave para la empresa.

Para comprender mejor la trascendencia de la realización de Iconic Moves™, basta con fijarse y analizar la trayectoria de Amazon:

GRÁFICO 6. Evolución del valor de marca de Amazon (2000-2019).

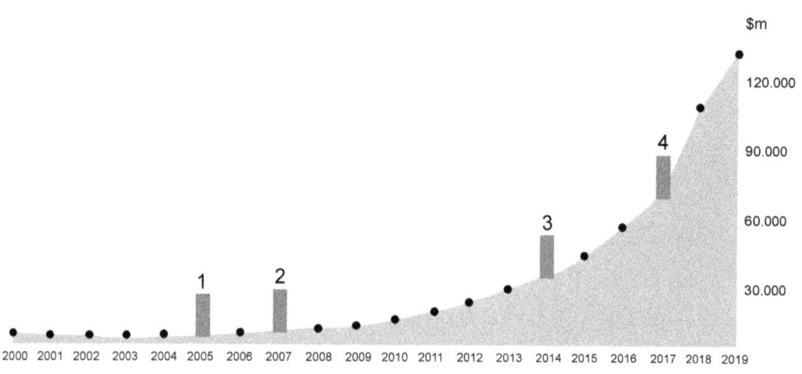

Fuente: Best Global Brands 2019, Interbrand.

Cada uno de los números señalados con una columna marcan un Iconic Move™ impulsado por el gigante tecnológico:

1. Lanzamiento de Amazon Prime (2005). El servicio de suscripción pionero que impulsó exponencialmente el crecimiento de la compañía y gracias al cual se ha convertido en un gigante tecnológico.
2. Lanzamiento del Kindle (2007). Primer producto que la compañía lanzaba bajo su marca y que revolucionó el mercado de los libros electrónicos.
3. Anuncio de Echo (2014). Se adelanta al resto de tecnológicas y encabeza la carrera de los asistentes virtuales.
4. Compra de Whole Foods (2017). Asociando la adquisición con su servicio Prime, entra en el retail físico diseñando la tienda del futuro.

4. Conclusión

En la era digital, las marcas son más importantes que nunca. Si en un contexto de abundancia aportaban diferenciación, en un contexto turbulento son impulsoras de relevancia en la mente de los consumidores, que ya no ven sectores, sino marcas. Las arenas sustituyen a las industrias, eliminando las barreras de entrada gracias a la tecnología, alimentando un mercado en el que la marca será el único activo inimitable de una empresa. Es, por ello, necesario que los profesionales del *branding* se transformen en profesionales del *brand thinking*, una disciplina que ya no es puntual en el tiempo, sino continua, y que supone el entendimiento de personas, negocios e interacciones con el objetivo de trazar una trayectoria que lleve a la marca hasta su ambición a través de movimientos icónicos.

CAPÍTULO 2

La publicidad siempre supo qué era la posverdad

Por Adriana Amado

Adriana Amado es especialista en comunicación y divulgadora de estos temas en TV, radio, medios gráficos y en redes sociales. Es doctora en Ciencias Sociales por FLACSO y Licenciada en Letras por UBA. Es investigadora en la Universidad Argentina de la Empresa como parte del grupo internacional Worlds of Journalism. Como activista cívica, preside Infociudadana y es parte del Consejo de Dirección de Poder Ciudadano.

En los últimos años proliferaron las palabras desinformación y *fake news* en la discusión pública. Especialmente después de 2016, cuando "posverdad" fue la palabra del año para el diccionario Oxford como el fenómeno por el cual los hechos impactan menos en la opinión pública que las creencias o las opiniones personales y colectivas. El debate de la posverdad se concentró principalmente en los medios informativos y en las plataformas (Rubio Núñez, 2018; Waisbord, 2018), que reciben las principales acusaciones de falsedad de las noticias. Sin embargo, la posverdad y la desinformación también tienen relación con la publicidad, especialmente las campañas electorales en redes sociales.

La posverdad es definida como cierta forma de supremacía ideológica que intenta obligar a creer en algo, tanto si hay evidencia a favor de esa creencia como si no (McIntyre, 2018). Tres teorías sociales explican este fenómeno:

- la disonancia cognitiva que descarta de la atención aquello que no coincide con nuestras posiciones;
- la conformidad social, que nos integra al entorno;
- el sesgo de confirmación, que nos lleva a focalizar en aquello que nos reafirma.

Estas tendencias explican que la gente parece formar sus creencias sin tener en cuenta la razón y las evidencias, tendiendo a acomodarse al clima dominante. Estas teorías llevan varias décadas de estudio, pero no se habló de la posverdad en los años 50 sino que se reconoció como tal cuando la polarización política y la activación de las redes sociales potenció su circulación.

La publicidad comercial tiene regulaciones de lealtad comercial y de los contratos que involucran las transacciones. Pero aunque los consumidores gustan de dar lógica a sus elecciones marcarias y compras, se trata en su mayoría de decisiones emocionales o socialmente determinadas (Ariely, 2013). Las regulaciones intentan moderar los consumos de alcohol o cigarrillos, ofrecer información técnica, pero no pueden prohibir la preferencia de una marca por sobre otra, más allá de las evidencias fácticas que justifican su consumo. También la publicidad se puede asociar a la definición de posverdad de apego emocional a certezas que carecen de sustento. Pero nadie acusó de posverdad a la publicidad, por caso, de un móvil frente a la adhesión obstinada a una marca de celular carísima que ofrece las mismas prestaciones que una con un logo menos exclusivo.

La desinformación es un fenómeno complejo que en poco tiempo generó muchas investigaciones desde la academia y soluciones desde las plataformas que en apenas cinco años cambiaron sustancialmente el diagnóstico inicial. En 2016, procesos electorales que contrariaron las expectativas de medios y encuestadores motivaron infinidad de teorías conspirativas que involucran acusaciones a actores fantasmas como *bots*, *trols*, mercenarios de redes sociales, granjas de cuentas falsas o automatizadas, centros de operaciones similares a *call centers* pero dedicados a publicar falacias que confundirían a la opinión pública. En los años siguientes las plataformas depuraron las cuentas sospechosas y volvieron muy estrictas las reglas de participación, al punto que llegaron a suspender la cuenta del presidente de los Estados Unidos por incumplir las reglas de publicación durante las elecciones de 2020. A su vez, aparecieron *fact-checkers* y los reguladores comenzaron a intervenir en los procesos, modificando los pronósticos alarmistas iniciales.

De esa época quedó la *fake news* de Cambridge Analytica que sostenía que una consultora ignota hasta 2018 había logrado torcer resultados electorales en varios países. La fama de esta consultora se expandió más por la denuncia que hicieron empleados arrepentidos y un docu-ficción de Netflix, que por éxitos demostrados en otras campañas, y es un ejemplo elocuente de cómo se construye una verdad relativa en tiempos de posverdad. Los hechos probados fueron que hacia 2015 la consultora usó datos privados de 87 millones de perfiles de Facebook, lo que significó a la plataforma una multa de la Comisión Federal de Comercio de Estados Unidos de USD 5.000 millones por incumplimiento de las condiciones de privacidad. Pero el intento de usar los datos no significa que hayan obtenido los resultados electorales que se arrogan en la campaña presidencial de los Estados Unidos y el plebiscito del *Brexit*. De hecho, no hay evidencia más que de una participación muy marginal en esos procesos de esa consultora, que tampoco pudo presentar otro éxito en modesta lista de prospectos que aparecen en su folleto institucional, que ni siquiera pudo acreditar que hayan sido clientes. Poco después, en 2020 la Oficina de Información del Reino Unido determinó fehacientemente después de analizar 300.000 documentos y 700.000 gigabytes de pruebas que hubo delito de desvío de fondos de campaña hacia las redes, es decir, un caso de corrupción del sistema electoral.[1]

Ninguna investigación científica ni legal logró detectar los efectos de la táctica digital que describe la ficción de Netflix como tampoco en otras campañas digitales que involucraron las elecciones celebradas en esa época. Más allá del escándalo periodístico, que tuvo tardías desmentidas y mucho más discretas que las declaraciones iniciales, nadie en la historia más o menos reciente aportó pruebas de manipulación por una campaña publicitaria direccionada por análisis de grandes datos. Hubiera sido un punto de inflexión en la historia de la publicidad. Pero no fue.

Publicidad política y publicidad publicitaria

Paradójicamente, en los años en que aumentaban las acusaciones a la desinformación en las campañas políticas, las investigaciones sistemáticas del fenómeno solo confirmaban que la desinformación existía pero que su presencia en las campañas y su impacto real en los cambios de actitudes era muy relativo (Brennen *et al.*, 2020; Fletcher *et al.*, 2018; Guess *et al.*, 2019; Tucker *et al.*, 2018). Una revisión de medio centenar de estudios sobre publicidad electoral en redes sociales durante los años de apogeo de la posverdad confirmaron que no se detectaron efectos significativos de las campañas políticas en redes sociales (Kalla & Broockman, 2017). Ninguna de esas investigaciones científicas detectó efectos superiores al cero por ciento derivados de la exposición de mensajes de candidatos estadounidenses en las elecciones generales. Primero hicieron un metaanálisis de experimentos de campo en

1 https://ico.org.uk/about-the-ico/news-and-events/news-and-blogs/2020/10/blog-the-conclusion-of-the-ico-s-investigation-into-the-use-of-personal-data-in-political-campaigning/

los que, en promedio, se observó ese efecto de cero de las publicidades. A eso agregaron una decena de experimentos, con similar resultado. En línea con la larga tradición de estudios de los efectos de la comunicación, confirman que los efectos persuasivos están limitados a ciertas circunstancias. En el caso de estas campañas políticas, se observan cuando los candidatos toman posiciones inusualmente impopulares y las campañas tienen una altísima inversión en la identificación de votantes persuasibles. En segundo lugar, cuando las campañas contactan a los votantes mucho antes de las elecciones y miden los efectos de inmediato, aunque esta persuasión temprana decae en la medida en que se acerca la elección.

Sin embargo, en los análisis corrientes persiste la idea de que ciertos candidatos ascendieron al poder gracias a la manipulación publicitaria. Los publicitarios saben lo duro que es conseguir que una campaña se convierta en ventas, votos o cambios de actitudes. Saben también que para lograr los mejores resultados, los mensajes deben coordinarse con otros factores que coadyuven al éxito: coherencia entre mensajes y hechos, conveniencia en la oferta, coordinación en la campaña y en la logística del producto o el servicio, comunicaciones integradas a los avisos, que permitan reforzar el mensaje publicitario con las múltiples interacciones que los públicos generan a partir de una propuesta. Es decir, la publicidad es utilísima en un plan integral, pero de ahí no puede concluirse que los mensajes publicitarios ofrecen manipulación garantizada. Si esto es complejo para la publicidad del consumo, lo es mucho más para la publicidad política, la que menos impacto tiene (Bennett & Iyengar, 2008; Broockman & Green, 2014; Kalla & Broockman, 2017)

La industria publicitaria y los estudiosos de los efectos de la comunicación saben que la persuasión política es muy diferente de otras formas de marketing y publicidad. El profesor Karpf (2019) lo explica desde la comparación de los dos partidos mayoritarios de los Estados Unidos con dos bebidas gaseosas, por caso Coca-Cola y Pepsi. Para que fueran equivalentes, habría que imaginar que solo existieran dos marcas en el mercado y que los ciudadanos estadounidenses solo pudieran comprar un solo refresco una vez cada cuatro años, entendiendo que el vínculo con una u otra marca sería más o menos estable desde la infancia. Las condiciones de competencia para ambas estarían determinadas por un alto conocimiento del consumidor, sólidas preferencias existentes, una ventana de compra estrechísima y un alto volumen de publicidad concentrado en unas semanas antes de la decisión. Dado este escenario similar al que ocurre en los comicios presidenciales, si alguna de las marcas decidiera invertir miles de millones de dólares para enviar mensajes en las redes sociales, nadie esperaría demasiados cambios en el vínculo preexistente de los consumidores con estos refrescos, por más ajustada a variables psicográficas que fueran las pautas. Si esto es improbable para una publicidad de refrescos, mucho más lo es la publicidad política, que es la menos creída y la menos efectiva de todas, en gran parte porque la política es la institución con más baja credibilidad de todas.

La publicidad, si estuvo alguna vez involucrada en el juicio a la verdad que ocupó el debate ilustrado en estos últimos años, solo fue cuando se la involucró en sospechas de haber sido determinante de éxitos de campañas políticas. De todos los tipos de publicidad, la propaganda es la que más se sirvió de la divulgación de información falsa o sesgada o tergiversada, aunque hay que reconocer que eso nunca dependió solo de la publicidad sino que necesitó el concurso de la información periodística.

De hecho, las limitaciones propias de la publicidad y las regulaciones que determinan ciertas restricciones en la comunicación de ciertos productos es parte del pantanoso terreno de la posverdad. Un antecedente se encuentra en las maniobras propagandísticas de la industria tabacalera de los Estados Unidos, que a través del Tobacco Industry Research Committee contrastó las evidencias que señalaban al tabaco como agente causante del cáncer de pulmón con otras alternativas, que relativizaron la acusación (McIntyre, 2018). La misma estrategia para sortear las restricciones legales o científicas usó la industria petrolera para el tema del calentamiento global. Desde el aspecto político y de *lobbying* esta estrategia tuvo éxito al punto que consiguió que la prensa relativizara el problema al presentar las evidencias científicas y las corporativas con el mismo énfasis (Davies, 2008). Numerosas campañas de prensa fueron impulsadas por institutos supuestamente técnicos financiados por asociaciones como la National Coal Association, Western Fuels Association, o Climate Council, con el claro objetivo de relativizar las conclusiones científicas que complicaban a la industria de combustibles en el problema del cambio climático.

Ni verdad, ni mentira: promesa publicitaria

La promesa publicitaria suele apoyarse en hipérboles, en embellecimientos, que no siempre son las mismas en todos lados, ni en cualquier momento. El aviso publicitario eleva a nivel artístico actos básicos como comer una galleta o limpiar el baño. Una sustancia jabonosa se presenta como elixir con propiedades mágicas para convertir el cabello en una cascada sedosa y, por transferencia, a quien lo usa en una mujer irresistible. Si se trata de un hombre el prodigio prometido quizás sea fortalecer el cabello y evitar su caída o desaparecer la caspa de los hombros. En cualquier caso, la promesa última es la felicidad de tener un cabello extraordinario. Pero no hay *fact checkers* verificando si la jojoba es efectivamente un abrillantador efectivo o si el agente mentolado eliminó las descamaciones capilares. Tampoco habrá reclamos legales si esos pelos siguen siendo igual de ordinarios que antes, ni por las etiquetas que consignan "Fórmula mejorada". lo que es un reconocimiento explícito de que la anterior no era tan buena. Las protecciones legales se limitan a advertencias del tipo "imágenes digitalmente retocadas" por si alguien desprevenido confundiera la realidad con lo que ve en un aviso publicitario.

La posverdad es un fenómeno de la época de la literalidad, donde todo se contrasta con lo que denota. En cambio, en el mensaje publicitario, decía Roland Barthes (1993), el mensaje literal (pone el ejemplo "Cocine en oro con Astra") denota un segundo mensaje que connota la excelencia del producto publicitado. Barthes se pregunta por qué no funcionaría una publicidad sin doble mensaje, algo así como avisos que simplemente digan "Compre la cocina Astra" y la respuesta es la misma que la que explicaría el lenguaje poético:

> *...los criterios del lenguaje publicitario son los mismos que los de la poesía: figuras retóricas, metáforas, juegos de palabras, todos esos signos atávicos que son los signos dobles, que amplían el lenguaje hacia signos latentes y dan de esta manera al hombre el poder mismo de una experiencia de totalidad.* (Barthes, 1993, p. 242)

Por esa razón, la verdad publicitaria no está reñida con el "relato" (palabra usada por el propio Barthes en el texto original de 1963) por el cual toda publicidad "dice su producto, pero cuenta otra cosa". Pero el semiólogo la excluiría de la discusión de la posverdad porque se trata de una operación transparente de un sistema franco que deja ver su duplicidad. Como nadie negaría la precisión de la metáfora "las perlas de tu boca" para describir una dentadura preciosa sin que eso signifique que solo podría usarse para los casos en que se encuentre una persona masticando un collar. De ahí se sigue el absurdo de observadores externos del intercambio publicitario que denuncia engaños y estereotipos en los avisos y exige literalidad para las personas y situaciones que se muestran en la publicidad. El debate de la posverdad involucra a la publicidad cuando se espera que los avisos representen a todas las morfologías sin omitir ninguna, o se les pide que los actores se parezcan a "personas reales". Como si eso no fuera, en última instancia, otro estereotipo.

Hay verdad más allá de la literalidad, que Umberto Eco llama parabólica, y que es distinta de la verdad científica o la periodística. Se trata de la afirmación de principios morales, religiosos, políticos, de una forma que no puede estar sujeta a la censura. Las parábolas pueblan textos fundamentales como la Biblia o el I Ching, a través de las cuales se condensan los valores dominantes en una época con más nitidez que un reporte técnico y gracias a su potencial narrativo, se transmiten con eficacia a lo largo de las generaciones. Es indemostrable que la cigarra sea más perezosa que la hormiga, pero la metáfora ha sido elocuente para la ética del trabajo por generaciones. Decía Aristóteles en su *Poética* que mientras el historiador cuenta los sucesos que realmente han acaecido, el poeta los que podrían acaecer. La publicidad, los que deseamos que ocurran.

La parábola, así como la poesía, la literatura y la no ficción cuando son exitosas, se ocupan de lo universal atemporal. Y no puede evaluarse con los mismos criterios de realidad, la historia, el periodismo, que se ocupan de los detalles de lo particular y la coyuntura. La parábola del champú del ejemplo mencionado más arriba es la de las ventajas de la higiene personal en la vida social, contada a través de la fábula de la cabellera lustrosa. Esa es la contribución de la publicidad a ciertos cambios sociales (Muraro, 1987; Ortiz, 2000), que ha facilitado la adopción de hábitos higiénicos, culinarios, domésticos a partir de parábolas cotidianas.

El *story telling, story lying*

La diferencia entre los programas de información y los de ficción, según explicó Umberto Eco (1986), reside en que los últimos otorgan un permiso para poner en suspenso la incredulidad que permite aceptar el juego de tomar en serio lo que es una construcción ficticia. La emulación es más potente que la información cuando se trata de transmitir una emoción. De ahí que la emoción que provoca una obra artística es casi siempre superior que la que transmite un reportaje periodístico. La "verdad de la información" debe superar todo el tiempo la incredulidad del espectador, para lo cual se ve obligada a apoyarse en datos, documentos, imágenes, testimonios (Amado, 2021). La publicidad es un género que combina la ficción y la no ficción, porque hay una cuota informativa, en muchos casos más regulada que las propias noticias, a la vez que recurre a recursos artísticos para provocar la emoción. Cuando alguien llora viendo una película, o se pone nervioso por una secuencia de suspenso, típicamente se le recuerda que se trata solo de una ficción. Cuando esa emoción se obtiene de un noticiero, se asume que la provoca la realidad que esas noticias cuentan. En la publicidad es más claro cómo ese impacto se convierte en un acto (de compra, de adhesión, de información). La no ficción es la negación de la incredulidad. La publicidad requiere de la credulidad para lograr su objetivo de venta y de la incredulidad para motivarlo.

Una década antes de la posverdad el término *storytelling* refería a los mecanismos de impostura usados por la comunicación política (Salmon, 2008). El término luego fue usado para referir las estrategias de contar historias y diseñar narrativas personales y políticas, especialmente cuando involucran lo privado o lo íntimo. Estas narrativas empezaban a su vez a ser la regla de las plataformas como YouTube, Twitter o Facebook, en donde no prima la representación simbólica propia del mercado de signos que configuraban los medios masivos (Verón, 2001). Como tampoco se trata de representaciones los mercados donde circulan artefactos y objetos culturales que materializan la experiencia simbólica de las marcas en muñecos, objetos de la vida cotidiana y experiencias (Lash & Lury, 2007).

Contrariamente a la idea de manipulación por las marcas multinacionales (Klein, 2001), la comunicación pública ya no se explica por el intercambio simbólico de mensajes a través de medios sino por las conversaciones que los usuarios tienen en los múltiples canales y plataformas. Ellos crean su propio *story telling* y eligen si quieren usar o no filtros, ambientación, vestuario genuino o simulado. En las redes, convive el *story lying* con las expresiones auténticas y se sabe que los usuarios eligen unas y otras por innúmeras razones. Influencers y youtubers de la más diversa naturaleza encuentran su comunidad, sin que pueda decirse que hay un estilo dominante como se acusaba a la publicidad en medios masivos.

La participación de voces diversas en la comunicación pública que hasta el siglo pasado era predominio de los emisores institucionales distribuye la construcción del sentido social. La red que está en la base de los intercambios de Internet facilitó la participación de otros actores para la producción y circulación de información. Esto desafió las actividades que desde la modernidad tuvieron la exclusividad de la distribución de los mensajes sociales, especialmente el periodismo y la publicidad. Mientras el periodismo recién está incorporando los mecanismos de verificación y no termina de incorporar la inteligencia colectiva en la valoración y edición de las noticias, la publicidad lo viene haciendo desde bastante antes.

Para el mercado, las representaciones simbólicas de los medios masivos fueron reemplazadas por experiencias y artefactos culturales como las tecnologías (Lash, 2005). Los mensajes son reemplazados por experiencias e interacciones (Amado, 2019), que se ponen en evidencia cuando las decisiones de consumo desplazan la opinión del especialista o la celebridad por estrellitas o alguna otra medición que agrega opiniones anónimas. Así se parametriza lo que antes era intangible, como la calidad o la reputación, en escalas universales que todos podemos entender. Esta verificación cruzada a la que se someten productos y servicios confirma que el marketing se anticipó a un *fact-checking* colectivo de *likes*, experiencias de uso, comentarios que realiza (hace real) lo que antes quedaba en el plano simbólico del mensaje institucional o de la evaluación experta.

Aprobación o cancelación

En la época dorada de la publicidad masiva el crítico vehiculizaba la recomendación en una columna exquisita, y la celebridad, a través de la declaración de que su cutis era resultado del jabón que promocionaba. En tiempos de uberización de la economía, donde la oferta se junta con la demanda en espacios virtuales, la evaluación que buscamos en las aplicaciones está en las estrellitas que suman los votos digitales de seres anónimos y las recomendaciones se leen en comentarios torpemente escritos. Es esta inteligencia colectiva, que el mercado puso a su servicio antes que ninguna otra institución, la que más pone freno a la posverdad publicitaria.

Quienes sospechan que la publicidad determina el comportamiento de la gente, suelen desconocer que la publicidad es eficaz cuando apela a tendencias y emociones de los consumidores, no cuando las inventan. Cambiar una actitud es mucho más lento y más costoso que apelar a estereotipos y creencias que configuran las fibras íntimas que la publicidad apela. El mundo de la publicidad siempre es ideal solo que esos ideales no nos son ajenos: "*Familiarity leads to liking.*" (Berger, 2016, p. 11). Para la adhesión a una causa o un producto impacta más el entorno que una potencial información imprecisa.

La facilidad de las interacciones, la disponibilidad de foros, la inclusión de evaluaciones conformadas por la agregación de opiniones anónimas muestra otra cara del *big data*. Mientras sobrevuela la idea de manipulación del consumo a partir del uso de datos, sin que hasta el momento sea más que una hipótesis a futuro, la experiencia demuestra que el algoritmo funciona mayormente con grandes tendencias más que con mensajes personalizados. Y que el algoritmo, más que manipular los cerebros, expresa la inteligencia colectiva.

Las redes a veces parecen funcionar con la irracionalidad de la manada cuando expresan actitudes de cancelación o de hostilidad, pero la ciencia confirma que mayormente funcionan con el provecho de los enjambres. Seres básicos como hormigas, termitas, peces, pueden tener una inteligencia individual limitada, pero logran una coordinación colectiva que consigue proezas sin necesidad de líder. Pequeños peces se ordenan en un cardumen compacto que logra disuadir a sus depredadores. Estorninos dibujan coreografías asombrosas en el cielo que les permiten volar miles de kilómetros superando corrientes que no superarían si no fueran en bandada sincronizada. Los estudios de la biología orientan lo que pasa en las redes sociales cuando descubren que cada miembro del grupo no necesita más que confiar en las reacciones de los seis o siete pájaros vecinos para seguir la mejor ruta (Ballerini *et al.*, 2008). Es un ejemplo de cómo funciona la comunicación descentralizada.

La inteligencia artificial investiga la coordinación de estos sistemas de la naturaleza, que en el caso del comportamiento de los insectos se llama estigmergia (del griego *stigma*, marca, y *ergon*, acción) en alusión a cómo apenas un indicio puede guiar el comportamiento subsiguiente. Nuestras reacciones se acomodan a aquel puñado de personas que tenemos en lo inmediato. Al identificarnos con un grupo, vamos adaptando nuestras reacciones aun en pequeñas acciones, como no pedir el postre deseado si todos en la mesa pasaron directamente al café. "Rather than 'us versus them', when someone behaves the same way we do, we start to see ourselves as more interconnected. Closer and more interdependent. All without even realizing it." (En lugar de "nosotros contra ellos", cuando alguien se comporta de la misma manera que nosotros, comenzamos a vernos más interconectados. Más cercano e interdependiente. Berger, 2016, p. 42).

Todas estas transformaciones muestran que cualquier sospecha de comunicación direccionada o de engaño publicitario en los entornos de redes debe considerar el peso que tiene en la comunicación pública esta nueva configuración de interacciones en las que es difícil encontrar un centro. El mercado siempre fue una construcción colectiva, por eso rápidamente incorporó la verificación comunitaria en donde cualquier engaño dura lo que la publicación del primer comentario. En eso, la publicidad le lleva ventaja al periodismo.

Bibliografía

Amado, A. (2019). Comunicación pública y medios de comunicación social. En H. Guzmán Ramírez y R. Herrera Echenique (Eds.), *Comunicación estratégica: interfaz entre organizaciones y sus Stakeholders* (pp. 241–264). Fondo de Publicaciones Universidad Sergio Arboleda.

Amado, A. (2021). *Las metáforas del periodismo: guía para periodistas mutantes*. Ampersand.

Ariely, D. (2013). *Las trampas del deseo: Cómo controlar los impulsos irracionales que nos llevan al error*. Ariel.

Ballerini, M., Cabibbo, N., Candelier, R., Cavagna, A., Cisbani, E., Giardina, I., Lecomte, V., Orlandi, A., Parisi, G., Procaccini, A., Viale, M., & Zdravkovic, V. (2008). Interaction ruling animal collective behavior depends on topological rather than metric distance: Evidence from a field study. *Proceedings of the National Academy of Sciences of the United States of America, 105*(4), 1232–1237. https://doi.org/10.1073/pnas.0711437105

Barthes, R. (1993). *La aventura semiológica*. Paidós.

Bennett, W. L., & Iyengar, S. (2008). A New Era of Minimal Effects? The Changing Foundations of Political Communication. *Journal of Communication, 58*(4), 707–731. https://doi.org/10.1111/j.1460-2466.2008.00410.x

Berger, J. (2016). *Invisible Influence. The Hidden Forces that Shape Behavior*. Simon & Schuster.

Brennen, A. J. S., Simon, F. M., Howard, P. N., & Nielsen, R. K. (2020). Types, Sources, and Claims of COVID-19 Misinformation. En *Oxford Internet Institute* (Issue April).

Broockman, D. E., & Green, D. P. (2014). Do Online Advertisements Increase Political Candidates' Name Recognition or Favorability? Evidence from Randomized Field Experiments. *Political Behavior, 36*(2), 263–289. https://doi.org/10.1007/s11109-013-9239-z

Davies, N. (2008). *Flat Earth News*. Chatto & Windus.

Eco, U. (1986). *La estrategia de la ilusión*. Lumen.

Fletcher, R., Cornia, A., Graves, L., & Nielsen, R. K. (2018). *Measuring the reach of "fake news" and online disinformation in Europe*. https://reutersinstitute.politics.ox.ac.uk/our-research/measuring-reach-fake-news-and-online-disinformation-europe

Guess, A., Montgomery, J. M., Lyons, B., Nyhan, B., & Reifler, J. (2019). *Fake news, Facebook ads, and misperceptions. Assessing information quality in the 2018 U. S. midterm election campaign*.

Kalla, J. L., & Broockman, D. E. (2017). The Minimal Persuasive Effects of Campaign Contact in General Elections: Evidence from 49 Field Experiments. *American Political Science Review*, 1–19. https://doi.org/10.1017/S0003055417000363

Karpf, D. (2019). On Digital Disinformation and Democratic Myths. *MediaWell*. https://mediawell.ssrc.org/expert-reflections/on-digital-disinformation-and-democratic-myths/

Klein, N. (2001). *No logo*. Paidós.

Lash, S. (2005). *Crítica de la información*. Amorrortu.

Lash, S., & Lury, C. (2007). *Global Culture Industry*. Polity Press.

McIntyre, L. (2018). *Posverdad*. Cátedra.

Muraro, H. (1987). *Invasión cultural, economía y comunicación*. Legasa.

Ortiz, R. (2000). *Modernidad y espacio*. Norma.

Rubio Núñez, R. (2018). Los efectos de la posverdad en la democracia // The effects of post-truth politics on democracy. En *Revista de Derecho Político* (Vol. 1, Issue 103). https://doi.org/10.5944/rdp.103.2018.23201

Salmon, C. (2008). *Storytelling: la máquina de fabricar historias y formatear las mentes*. Península.

Tucker, J., Guess, A., Barberá, P., Vaccari, C., Siegel, A., Nyhan, B., Sanovich, S., & Stukal, D. (2018). *Social Media, Political Polarization, and Political Disinformation: A Review of the Scientific Literature 1* (Issue March). https://doi.org/http://dx.doi.org/10.2139/ssrn.3144139

Verón, E. (2001). *Espacios mentales*. Gedisa.

Waisbord, S. (2018). Truth is What Happens to News. *Journalism Studies*, 0(0), 1–13. https://doi.org/10.1080/1461670X.2018.1492881

CAPÍTULO 3

La paradoja de la confianza y la Cultura de la Influencia

Por TOMÁS BALMACEDA

Tomás Balmaceda es doctor en filosofía (UBA), especializado en filosofía de la mente y filosofía de la tecnología. Desde hace 15 años trabaja como periodista en medios como *Clarín*, *La Nación* y la revista *InfoTechnology*. Conduce y produce varios podcasts y tiene un newsletter quincenal, #SabiduríaPop. Su próximo libro es *Cultura de la influencia*, co-escrito con Juan Marenco y Miriam De Paoli y su nuevo proyecto es #FinDis, un portal educativo de conocimientos en finanzas para disidencias.

¿Cómo se construye y cómo se pierde la confianza? ¿Por qué el escepticismo y la sospecha parecen ser dos de las actitudes con las que más frecuentemente nos enfrentamos? ¿En qué sentido podemos hablar de "influencia" y por qué muchas veces la logra alguien detrás de una cuenta en una red social y no un profesional de la comunicación? En este capítulo analizo una situación cuya constatación puede dejarnos perplejos: mientras vivimos una crisis de confianza profunda en actores relevantes y tradicionales de nuestra vida –como las marcas, la publicidad, los medios de comunicación y la política– participamos activamente también de nuevos hábitos que se basan en la confianza en completos extraños: las plataformas de economía colaborativa como Uber o Airbnb. Nos subimos a automóviles de personas que no conocemos y dormimos en camas de desconocidos que nunca antes vimos sin contar con la red de contención que nos ofrece la habilitación de taxis y hoteles. La sensación de confianza que sentimos con personas con las que no interactuamos cara a cara antes y de las que sabemos muy poco llega a su punto máximo con la llegada de los influencers digitales como nuevos actores dentro de nuestro ecosistema de la atención y consumo de la información. Se trata de individuos que pueden incluso no revelar su verdadero nombre o rostro pero que despiertan nuestro interés y en los que creemos a la hora de tomar decisiones, formar nuestra opinión sobre ciertas temáticas o compartir una causa común. Para darle sentido a esta aparente paradoja, intentaré dar una definición de influencia que pueda dar cuenta de cómo los entornos digitales y el ambiente de hiperconectividad en el que vivimos posibilitó ciertos diálogos que permiten que existan personas que influyan de una manera que no tiene que ver con la autoridad, la coerción, la manipulación o la persuasión. Esto es lo que permite hablar de Cultura de la Influencia en tanto matriz interpretativa del presente y fenómeno que excede las redes sociales para permear en otros campos.

1. La paradoja de la confianza

1.1. Crisis de confianza en aquello conocido...

De acuerdo con la edición 2021 del estudio bianual *Meaningful Brands* que realiza a nivel global la agencia de medios y marketing Havas el nivel de escepticismo que muestran las personas con respecto a marcas y empresas está en su nivel más alto en los 12 años que se lleva a cabo. Las conclusiones de más de 395 mil hombres y mujeres de todo el mundo revelaron que el 71% tiene poca fe en que las marcas cumplan las promesas que realizan en su comunicación pública, ya que considera que esos contenidos están "vacíos". El estudio –que mide el "significado" de la marca en términos funcionales, personales y colectivos– muestra que el 75% de las marcas podrían desaparecer de la noche a la mañana y a la mayoría de las personas no les importaría o, peor aún, encontrarían fácilmente un reemplazo. Cuando nada es confiable, todo parece descartable y reemplazable.[1]

¿Afecta en términos reales a las compañías que no sean confiables? Después de todo, alguien podría pensar que la credibilidad de una marca es solo uno de los factores involucrados a la hora de hacer una compra o contratar un servicio, por ejemplo. Su precio, su disponibilidad y sus prestaciones también tienen un peso importante a la hora de las decisiones. El informe de Havas indica que el 64% de las personas prefieren comprar a empresas con una reputación de propósito, no solo de ganancias, un aumento de diez puntos frente al informe anterior, de 2019, y más de la mitad (53%) de las personas aseguran que están dispuestas a pagar más por una marca que toma una posición.

¿Qué hay detrás de esta crisis de confianza? Un pedido de compromiso genuino y medible: el 73% de los consumidores cree que las marcas deben actuar ahora por el bien de la sociedad y el planeta. Sin embargo, ya no parece posible presentar un simple lavado de cara bajo la fachada de la responsabilidad social corporativa ya que la brecha de expectativas hunde sus raíces de manera muy profunda. Y tomar un compromiso involucra siempre un gran riesgo: qué sucede si esa promesa se rompe o demuestra ser superficial o interesada. Las consecuencias pueden dejar a una compañía en un peor escenario que cuando decidió cambiar.

Lo que sucede con las empresas también se replica en los medios de comunicación, que parecen haber perdido la confianza de sus lectores, oyentes y televidentes. El informe del Reuters Institute for the Study of Journalism sobre 2020 indica que, a nivel global, hay una bús-

1 Havas (2021). *Meaningful Brands*.

queda de fuentes alternativas para informarse frente a la percepción de que no es fácil encontrar un periodismo confiable y riguroso que pueda informar sin segundas intenciones. En la Argentina el 62% de los encuestados asegura informarse a través de medios tradicionales pero solo un 48% dice confiar en la información que difunden, lo que los impulsa a ir a redes sociales y plataformas de mensajería instantáneas, que son percibidas como el acceso a una gama más amplia de fuentes y de sucesos alternativos que, de otro modo, perciben que estarían silenciados. De todos modos, casi la mitad de los encuestados confía en buscadores pero las redes sociales son creíbles para el 38% y la mensajería instantánea, como WhatsApp, un 31%.[2]

Esta falta de confianza en el periodismo se agravó justo cuando más se necesitaba, con el impacto del COVID-19, una pandemia que generó una crisis cuyas consecuencias económicas, políticas y sociales aún desconocemos. La búsqueda de nuevas verdades y la aparición de referentes de opinión no respaldados por las prácticas del buen periodismo generó lo que Tedros Adhanom Ghebreyesus, director general de la ONU, llamó "infodemia", la proliferación de desinformación, engaños, mitos y situaciones conspiratorias que contradicen las recomendaciones oficiales y pueden poner en riesgo de vida a las personas.[3]

Si bien la mejor forma de combatir la infodemia parece ser con comunicación oportuna y veraz, es necesario también hacer una autocrítica de qué llevó a que las personas desconfiaran tanto de los medios tradicionales y por qué en algún momento se abandonó uno de los pilares del periodismo, el chequeo de lo información, y hoy son necesarias las organizaciones de *fact-checkers* como instancia complementaria de las noticias y no como un elemento fundamental. El camino de la recuperación de la confianza no es sencillo pero no puede llegar a buen

2 Reuters Institute for the Study of Journalism, *Digital News Report 2021*

3 https://www.un.org/es/coronavirus/articles/onu-contra-desinformacion-covid-19-ataques-ciberneticos

puerto sin un replanteo profundo de la práctica profesional actual y sin un abordaje serio y no conformista de la audiencia: no sirve de nada subestimar a las personas ni minimizar su capacidad de análisis e investigación, así como tampoco deben ser objeto de burla o menosprecio quienes se inclinan con teorías conspirativas.

Pero lo que vivimos no se trata de un fenómeno que solo concierne a las marcas, las compañías y los medios de comunicación sino que tiñe otros ámbitos como la vida, como la participación ciudadana, que parece chocar de lleno con la creciente ansiedad por un futuro que se presenta cada vez más imprevisible. No estamos viviendo tiempos fáciles: a la crisis sin precedentes creada por el COVID-19 se suma una coyuntura de fricciones políticas en numerosos países que estaba presente antes de marzo de 2020 pero que la pandemia agudizó, con una marcada polarización entre opciones opuestas y, en principio, incompatibles entre sí. En más de un sentido, la sensación con la que se vive es que hay una visión del mundo que se está despidiendo y otra que está ingresando pero no termina de producirse ese reemplazo. Así, los movimientos que pugnan por la igualdad de oportunidades para poblaciones minorizadas crecen pero se enfrentan a resistencias de sectores conservadores que estaban en retirada pero que encuentran en este "enemigo en común" una excusa para consolidar su unidad y fortalecerse.

#NiUnaMenos, #MeToo, #BlackLivesMatter... Detrás de los hashtags hay personas y luchas reales, que en la mayoría de las oportunidades complementan el activismo de plataforma de redes sociales para incidir en el mundo analógico, creando conciencia, consolidando comunidades y logrando cambios reales. Esto se da de la mano con la caída constante de imagen de los políticos tradicionales. En la Argentina, de acuerdo con el Reuters Institute for the Study of Journalism, solo 8% de los encuestados los considera fuente de información y solo el 21% confía en la información que comparten.

1.2. ...y aumento de la confianza en lo desconocido

Vivimos, entonces, en un entorno en donde el déficit de confianza es constante. Desconfiamos de la publicidad, de los medios de comunicación y de los políticos. No somos receptivos a aquellos que nos acercan un producto, un servicio, una información o una propuesta. Sospechamos que tienen un motivo oculto y nos parece que sus intenciones, en principio, no coinciden con las nuestras. Sin embargo, este creciente descreimiento no desemboca en un escenario de escepticismo total: en los últimos años más y más personas comenzaron a depositar su confianza en genuinos desconocidos en muchas de sus actividades. Esto se comprueba, según me gustaría sostener, en dos fenómenos relativamente recientes: el auge de las plataformas de economía colaborativa, con Uber y Airbnb como modelos insignia, y en la consolidación de la figura del influencer digital como un referente relevante a la hora de ciertos hábitos y de tomar posición frente a temáticas candentes.

En cuanto a la economía colaborativa, es un sector surgido en la última década –con un crecimiento constante y sostenido que se vio afectado, como otras industrias, por la crisis económica que provocó el coronavirus y cuyo futuro mediato dependerá de cómo manejará esta situación– pero que aún no parece tener una definición unívoca en la bibliografía. En este sentido involucra y admite otros fenómenos más específicos como el consumo colaborativo (Rogers y Botsman, 2010), los sistemas de intercambio comercial (Lamberton y Rose, 2012) y el consumo basado en el acceso (Bardhi y Eckhardt, 2012). Si bien prácticas de intercambio similares existen desde hace siglos, en este caso son patrones de consumo que solo pudieron emerger impulsados por el papel facilitador de las plataformas *peer-to-peer* y que hoy están cambiando el comportamiento de consumo de millones de personas en todo el mundo y poniendo en crisis sectores tradicionales como la industria hotelera o las grandes compañías automotrices.

Es difícil pensar en cualquier colaboración sin confianza y es imposible una economía colaborativa que no tenga en su base un reconocimiento tácito de las partes (Belk, 2010), ya que para muchos la confianza es una suerte de moneda de intercambio entre quien posee un bien y quien lo acepta (Rogers y Botsman, 2010). En su informe *Think Act* sobre movilidad compartida, la consultora Roland Berger lo expresa de manera directa: "compartir es confiar".[4] La confianza es el principio fundamental de todas las plataformas de economía colaborativa y debe ser cultivada, fomentada y protegida como uno de los núcleos identitarios de las compañías que quieran ser exitosas.

Para que una persona quiera dormir en la casa de un extraño o subir al auto particular de alguien que no conoce debe confiar. Plataformas como Airbnb o Uber son una suerte de gestores de confianza y deben mantenerse siempre en la apreciación de sus clientes como dignos de esta responsabilidad, manteniendo vínculos transparentes con sus socios comerciales, sus clientes y sus consumidores. Y, tal como han demostrado en el último año con muchas acciones vinculadas con la pandemia, esa misma confianza debe extenderse más allá de las actividades comerciales estrictamente definidas de la empresa y extenderse hacia la comunidad en general con acciones como experiencias online para quienes no pudieron usufructuar de sus propiedades por la crisis en el sector del turismo o viajes gratis o con descuento para el personal de la salud. Esta confianza es ineludible para el tipo de contratos de uso o alquiler que se celebra al compartir, que es de una índole muy diferente a los tradicionales.

La confianza, entonces, es clave: yo espero que traten mi auto y mi casa con cuidado a la vez que espero que las condiciones en las que me fueron ofrecidos el alojamiento o un viaje se cumplan y tengan un toque humano o social del que suelen carecer los hoteles y taxis, en donde entablo vínculos con personas que simplemente están trabajando.

4 Berger, R. (2014). *Shared Mobility: How new businesses are rewriting the rules of the private transportation game.* Strategy Consultants, München.

Cuando uso estas plataformas también estoy consumiendo historias de vida: quiero saber qué significa este cuarto en donde voy a dormir o por qué alguien decide manejar su vehículo en su tiempo libre. La especial atención de estas plataformas a las reseñas, las calificaciones y los canales de evaluación sin dudas buscan proporcionar un marco de mayor seguridad. De acuerdo con el informe de PwC *Consumer Intelligence Series: The Sharing Economy*, la mayoría de los usuarios de Estados Unidos consideran que, por encima de las regulaciones estatales, la regulación entre pares a partir de reseñas y calificaciones es lo que más les interesa. El 69% de los encuestados aseguró que su confianza en plataformas de economía colaborativa depende de la opinión de personas fiables. "Los precios y los beneficios son el atractivo por el que muchos se acercan pero lo que en última instancia lo que hace que la economía colaborativa funcione es la confianza", puntualiza el estudio.[5]

El segundo hecho que quiero mencionar para consolidar mi idea de que, incluso en medio de la crisis de confianza que vivimos, las personas parecen mucho más dispuestas a confiar en extraños que antes es la emergencia de los influencers digitales. Aquí tampoco hay una única definición consensuada pero yo trabajo con la que dio el publicista y comunicólogo argentino Darío Laufer: los influencers son personas valoradas en ámbitos específicos, consideradas en ocasiones como pares por sus seguidores y que crean comunidad, en clara oposición al modelo tradicional de "celebrities" con el que el mundo de la publicidad comunicó durante las últimas décadas.[6]

En muchos sentidos el influencer digital –esto es, aquel cuyo ámbito de acción son redes sociales como Instagram, TikTok, Twitch o Snapchat, entre otras– representa un desafío y una incógnita porque es una figura en plena construcción pero que se ha afianzado no solo a nivel global sino también en nuestro país. Un estudio conjunto entre Kantar y Be

5 PWC (2021). *Consumer Intelligence Series: The Sharing Economy.*

6 https://www.eurofound.europa.eu/data/platform-economy/records/the-sharing-economy-consumer-intelligence-series

Influencers de 2021 destaca que en Argentina el 84,5% de la población se conecta al menos una vez por día a una red social, en donde los contenidos de los influencers digitales ocupan un sitio privilegiado.[7]

De acuerdo con las métricas de Shareable para el año 2020, en Argentina se publicaron 6,5 millones de contenidos en redes sociales generando más de 2,7 mil millones de interacciones. Si bien los influencers digitales publicaron el 7% de esos contenidos, son responsables del 49% de las interacciones totales a nivel nacional.[8] Durante la pandemia el crecimiento de las audiencias fue notable –en un promedio de 30,5% para Kantar y Be Influencers– con rubros destacados como maternidad en un 43,69%.

Rara vez los seguidores conocen cara a cara a los influencers digitales y, sin embargo, confían en ellos. No solo eso: en ocasiones no se sabe mucho de su pasado ni de su presente más allá de lo que ellos mismos deciden contar en redes. En casos como el de Florencia Jiménez, la referente más relevante de viajes y turismo en la Argentina, durante años ocultó su rostro con una máscara y evitó revelar su verdadero nombre. Es el día de hoy que aún todos la conocen como @Floxie10, su nickname.

En una cotidianeidad rodeada de pantallas y con varias facetas de nuestra vida atravesadas por los teléfonos y las computadoras –tanto el ámbito social como laboral e incluso ciudadano, un diagnóstico profundizado por las medidas de aislamiento que impuso la crisis por el COVID-19, los influencers digitales crecieron su presencia en nuestra vida. En 2019 el 49,2% de los encuestados por Adweek en Estados Unidos seguía activamente a más de tres influencers de las redes sociales y, de ellos, 49,3% había realizado una compra basada en la recomendación suya. En términos de confianza el 44,2% reveló creer que las recomendaciones de los influencers eran genuinas.[9]

---

7 Kantar & Be Influencers, 2021.

8 Comscore (2021). *https://www.comscore.com/lat/Prensa-y-Eventos/Presentaciones-y-libros-blancos/2020/El-estado-de-Social-Media-en-America-Latina*

9 https://www.forbes.com/sites/petersuciu/2019/12/20/can-we-trust-social-media-influencers/?sh=507ceb3363e8

El vínculo de confianza entre los influencers y su comunidad es tan poderoso como frágil: puede romperse en cuanto se cuestiona el lazo por el cual es creado. Así, la confianza es fuerte cuando el influencer digital habla desde su propia experiencia, se concentra en su "especificidad" y comparte sus opiniones, que son percibidas como carentes de segundas intenciones o intereses ocultos. Sin embargo, cuando acepta participar de acciones patrocinadas por compañías su credibilidad es puesta a prueba: ahora que la recomendación depende de un acuerdo comercial, ¿es genuina?

La tensión entre las opiniones libres de los influenciadores digitales y los mensajes que las compañías deciden compartir a través de ellos es atendible y representa una de las principales preocupaciones de los creadores de contenidos: ¿cómo conseguir un modelo de negocios sustentable que no ponga en peligro su mayor valor, que es la confianza de su comunidad? Una de las salidas parece ser la transparencia: de acuerdo con un reporte de 2020 de Influence.co, un 72% de los encuestados expresó que le parecía apropiado que los influencers compartieran productos en general, incluso si se les pagaba por promocionarlos pero el 62% expresó que "no era ético" que promocionaran productos que ellos mismos no usaban.[10] Según el estudio Kantar Dimensions 2020, el 25% consideró que las publicaciones de marca realizadas por los influencers en redes sociales deberían etiquetarse de alguna manera para distinguirlas rápidamente de su comunicación general sobre otros temas.[11]

Si miramos la historia de Occidente creo que se puede sostener que confiar en extraños es un concepto relativamente nuevo y que merece un análisis profundo y detallado que escapa no solo a los objetivos de este escrito sino a mi propia capacidad y formación. Sin embargo, creo que es muy relevante tener en cuenta que si pensamos en la manera

10 Influence.co, *Ethics & Influencers.*

11 Kantar, *Dimensions 2020.*

en la que se estructuró la sociedad moderna, en donde la vida cotidiana pasaba por comunidades relativamente pequeñas y la unidad nuclear era la familia, el siglo XXI extendió en sentido analógico y digital las grandes metrópolis en donde la creciente densidad de población y la posibilidad de mayor cantidad de conexiones nos expuso a nuevas personas, nuevas caras, nuevas formas de familia y nuevas culturas.

2. ¿Qué es la influencia?

2.1. La fuerza sin fuerza

En este artículo quiero proponer que la clave para entender este nuevo escenario es la influencia, un término que ha recibido diferentes tratamientos a lo largo del tiempo y que puede ser reinterpretado a la luz del momento en el que vivimos, signado, entre otras cosas, por la ubicuidad de las pantallas y la presencia de tecnologías digitales incluso en los sectores más tradicionales.

La influencia es una fuerza sin fuerza, que se ejerce más allá de nuestro puesto en una compañía, nuestro título universitario o nuestra posición en cualquier escala social. Es una suerte de fuerza suave porque nunca implica coerción. Cuando está dominada, es una habilidad tan poderosa como silenciosa, al punto de que muchas veces somos influenciados a realizar ciertas tareas o a reflexionar sobre determinados ámbitos pero estamos genuinamente convencidos de que fue por nuestra propia voluntad y no por una acción externa que, sin embargo, nunca es violenta ni coercitiva ni tampoco es totalmente unidireccional.

Frente a un término que podría ser polivalente, creo que puedo acercarme a la definición que considero adecuada en este ámbito señalando sus diferencias con fenómenos con los que podría confundirse. La influencia, desde mi punto de vista, nunca involucra obligación o presión pero no es ni un criterio de autoridad, ni una forma de manipulación ni un caso de persuasión.

La influencia no puede provenir de la autoridad porque esta surge de un lugar dentro de una estructura dada, tal como sucede en una compañía, una organización como el Estado o la misma sociedad. En este sentido, la fuerza de la autoridad no se desprende de la persona que la ejerce sino de la circunstancia en la que se encuentra. Y si bien es cierto que en ocasiones su eficacia depende de algo más que la autoridad, como un gerente que da órdenes que no todos cumplen o un funcionario que prescribe acciones que la sociedad no respeta, en la mayor parte de los casos basta con que alguien con autoridad indique algo a subalternos para que se cumpla.

En cuanto a la manipulación, mientras que la influencia se basa en la confianza, la manipulación es, justamente, la traición de esa confianza. Esto no la vuelve de inmediato una práctica reprochable sino que, en ocasiones, la única manera de conseguir que alguien coopere con nuestros objetivos, que pueden ser nobles e incluso beneficiosos para esa persona, es apelando a estrategias que exploten sesgos o debilidades del otro. En el caso de la manipulación, se trata de evitar contar la meta real de nuestros objetivos y simular otras, apelando a la empatía u otras reacciones emocionales de la persona a la que queremos manipular. Aunque hay personas muy buenas manipulando no se trata de una tarea sencilla: contamos con muchos mecanismos naturales para identificar a una persona como confiable o no. Desde expresiones faciales hasta inflexiones en la voz o gestos corporales, no es sencillo transmitir confianza. La manipulación, además, suele ser cortoplacista: en raras ocasiones se puede manipular dos veces a la misma persona, mientras que la influencia parece tener un efecto duradero y de verdadero cambio en las personas.

La influencia tampoco es persuasión. Persuadir a alguien es convencerlo de tomar una decisión, realizar una acción o tener un determinado juicio sobre algo dando motivos y razones para eso. Se trata de una forma de argumentación, al presentar un escenario que modifica al otro a partir de una suerte de consentimiento informado. A diferencia de la manipulación, aquí no hay segundas intenciones ni está la emocionalidad en el centro de escena sino que la eficacia al persuadir se basa en encontrar la motivación correcta, en una suerte de guía a la hora de razonar. En ocasiones se trata de presentar ciertos datos e informaciones para que la otra persona saque sus propias conclusiones. En otros casos, se trata de presentarle escenarios posibles de lo que sucedería de acuerdo a lo que decida hacer, lo que puede alentar o desalentar al otro a la hora de actuar.

Así, aunque suele ser percibida como una relación unilateral, prefiero pensar a la influencia como un vínculo que es, en principio, diádico. A partir de intercambios que tuve con Lina Zubiría, doctora en sociología, comencé a pensar a la influencia como un diálogo, un flujo de significados que corre entre dos personas y cuyo resultado es una co-creación que, en el mejor de los casos, resulta superador que lo que hubiesen logrado las partes por separado. La etimología del término se remonta hasta el latín, con el verbo *influere*, pero nuestro uso cotidiano actual le debe más al francés, en donde hace mención a la capacidad de ciertos elementos de moverse a través de conductos a partir de la presencia de ciertos agentes externos. Así, líquidos y gases eran "influenciados" por características externas en la manera en la que fluían. En los albores de la química moderna, surgida de las aguas de la vieja alquimia, la influencia hacía referencia a una emanación de las estrellas a partir de un "un fluido etéreo que fluye desde los cielos y afecta el carácter de los elementos".[12]

¿Cualquier persona puede, en estos términos, ser influyente? Sin dudas, sí. Existen personas que de forma natural parecen generar la confianza y la identificación que se requiere, una situación que en el hablar cotidiano denominamos "carisma". Pero la influencia también puede ser entrenada y mejorada más allá de la habilidad innata.

Así, la influencia es esta fuerza sin fuerza, el arte de lograr que las cosas sucedan sin tener que obligar a nadie y sin tener que presionarlo,

12 Durkin, P. (2009). *The Oxford guide to etymology*. OUP Oxford.

convencerlo con razones ni engañarlo. La influencia es, en el mejor de los casos, un trabajo colaborativo en el que se consigue involucrar a otros en un propósito que yo traigo a la mesa y que es aceptado y celebrado.

2.2. Influencia, una nueva manera de entender la confianza

Si la influencia es, como sostengo, el resultado de un vínculo de estructura dialógica entre al menos dos personas, requiere en su base la confianza. La confianza, esa impresión emocional positiva, es lo que muchas personas ya no encuentran en la publicidad, medios de comunicación y figuras públicas como los políticos pero que ahora aparece en el vínculo con extraños gracias a nuevos servicios y a los influencers digitales.

Durante la infancia y adolescencia de Internet mucho del intercambio se realizaba con el paradigma clásico de la información mediática, unilateral, en páginas web que como mucho tenían un espacio para comentarios, o los diálogos se daban de forma más o menos privada, en correos electrónicos, foros o espacios de comentarios. La aparición de las redes sociales abrió una plaza pública global en donde las conversaciones están a la vista de todos y en las que, al menos en principio, cualquiera puede participar.

No solo eso: por primera vez en la historia de la humanidad, cada acción que realizamos en esta era digital puede ser registrada, almacenada y monitoreada. Y en vez de reflexionar, cuestionar y, eventualmente resistir, estamos poniendo todo de nosotros para facilitar ese proceso. Es lo que el investigador estadounidense Bernard Harcourt describe como "sociedad de la exposición", que representa una manera de entender nuestra realidad por fuera de los marcos interpretativos clásicos. Así, mientras que Guy Debord habló de la "sociedad del espectáculo", Michel Foucault configuró la noción de "sociedad punitiva" a partir de la idea de sociedad panóptica o disciplinaria y Gilles Deleuze se refirió a las "sociedades del control", Harcourt propone, en cambio, el título de "sociedad de la exposición" para dar cuenta, por un lado, de que "para muchos de nosotros, la existencia digital se ha convertido en nuestra vida, el pulso, el flujo sanguíneo, la corriente de nuestras rutinas diarias", a la vez que la expansión de las redes sociales y la ubicuidad de los dispositivos móviles conectados a Internet transformaron algunas de las relaciones que teníamos los ciudadanos con el Estado, las corporaciones privadas y nuestra intimidad y privacidad.[13]

Las interacciones más frecuentes entre usuarios están basadas en vínculos empáticos –no siempre positivos, claro, como resulta evidente si se analiza la indignación o enojo que también se viven en plataformas como Twitter o Facebook– pero que permiten que las personas se sientan más cercanas las unas a las otras. Aunque en mayor medida es un fenómeno que experimentan los nativos digitales, casi todas las personas que son usuarias habituales de redes sociales pueden experimentar una sensación de intimidad en sus redes sociales, lo que constituye una condición relevante a la hora de crear confianza.

3. Cultura de la Influencia, un marco posible para disolver la paradoja de la confianza

De este modo, podemos decir que vivimos una situación paradojal: las personas aseguran haber perdido la confianza pero, a la vez, confían cada vez más en extraños... ¿cómo es posible compatibilizar este escepticismo generalizado con los raptos de confianza inédita que logran las plataformas de economía colaborativa y los influencers digitales? Me gustaría sostener que el marco de la Cultura de la Influencia puede dar respuesta a este escenario. Las personas descreídas de las instituciones más tradicionales están, en realidad, en la búsqueda de autenticidad y encuentran en desconocidos la confianza perdida porque los perciben como semejantes.

13 Harcourt, B. E. (2015). *Exposed: Desire and disobedience in the digital age*. Harvard University Press.

Gracias a la ubicuidad de los dispositivos móviles e Internet, el rol del influencer digital y sus prácticas ya exceden simplemente a los usuarios de una red social: esta segunda década del siglo XXI está marcada, en el espacio de la comunicación, por la consolidación de la Cultura de la Influencia en tanto el emergente de una serie de cambios tecnológicos y culturales que permeó a buena parte de la sociedad y las compañías. Hoy la lógica de la Cultura de la Influencia funciona en publicidad, en los movimientos activistas, en las comunidades tradicionalmente relegadas o silenciadas, en la comunicación política y en la vida cotidiana dentro de las empresas. Se trata de un fenómeno con luces y sombras que desafía las reglas tradicionales con las que se analiza el fenómeno de la comunicación y que no puede ser ignorado: aquellos que se adapten primero y mejor a estas circunstancias, correrán con ventaja.

La posibilidad de que cualquier persona con un teléfono celular inteligente pueda fotografiar, filmar, comentar y compartir contenidos rompió el esquema tradicional de la circulación de las noticias, descentralizándolo pero también abriendo un espacio de debates e intercambios que no siempre es claro o sencillo de entender. Es el corazón de la Sociedad de la Exposición de Harcourt en la que, para complicar las cosas, las empresas detrás de las redes sociales insisten en que no son empresas periodísticas, eludiendo así algunas de sus responsabilidades, y buscando también presentarse como simples espacios de publicación –"plataformas", en el sentido casi literal del término– en las que los usuarios son los únicos responsables de lo que allí se publica.

El concepto de Cultura de la Influencia es una matriz interpretativa en la que vengo trabajando desde hace tiempo con la comunicadora brasileña Miriam De Paoli y el publicista argentino Juan Marenco. No es un modelo normativo o simplemente descriptivo de un *statu quo*: es un marco para analizar la situación actual, acelerada por la crisis del coronavirus, en tanto un modelo catalizador de diferentes situaciones y escenarios que estudiamos en la Argentina y en el mundo. Se trata de uno de los emergentes de una serie de cambios tecnológicos y culturales que permeó desde las redes sociales a buena parte de la sociedad y las compañías y es uno de los rasgos distintivos del espacio de la comunicación de esta segunda década del siglo XXI.

A lo largo de este capítulo elegí hablar de influencer digital porque conscientemente quiero expresar que existen influencers que no tienen a las redes sociales como su principal plataforma de acción. Atentos a sus seguidores, con una narrativa personal probada y el acento puesto en la marca personal, la lógica de los influencers se derramó a numerosos ámbitos, incluso los más tradicionales. Es por eso que el estudio de la Cultura de la Influencia puede resultar rico para entender mucho de lo que sucede: son personas que le dedican tiempo a su comunidad y a consolidarla con alianzas, que analizan las métricas y saben fusionar intuición con estrategia y que buscan sumarse a diferentes tendencias sin perder su esencia.

Los influencers digitales entendieron rápido que su valor no depende necesariamente de la calidad de sus contenidos ni del prestigio, sino por la historia que cuentan y la confianza que despiertan en la comunidad que crearon a su alrededor. A diferencia de las celebridades de antaño, en esta Sociedad de la Exposición ellos revelan cada detalle de su vida cotidiana, con aciertos y errores pero con una continuidad en la que priorizan el contacto con su comunidad, que va creciendo a medida que es más y más atendida, y que funcionan como red de contención a la hora de explorar nuevos territorios o cuando cometen errores, ya que una de las caras oscuras de la Cultura de la Influencia es el fenómeno de la cancelación. Como mencioné más arriba, la confianza en los influencers digitales tiene pies de barro y un error puede costar muy caro pero si se presentan de manera genuina en las redes, curando su contenido pero siendo fieles a lo que son, pueden conseguir la fuerza necesaria para lograr cambios.

¿Cómo es entendida la influencia dentro de la Cultura de la Influencia? Es esta fuerza suave, esta fuerza sin fuerza de la que hablé y con la que el influencer digital entabla una suerte de conversación con los miembros de su comunidad, en un vínculo que se retroalimenta y que no escapa a estrategias para captar su atención pero que, en su base, tiene a la confianza como el corazón de la influencia. El influencer digital no manipula ni persuade, sino que justamente logra cambios en las personas que lo siguen a partir de la credibilidad con la que es percibido que depende, como una de sus condiciones, de ser percibido como un igual.

De este modo creo que se puede disolver la paradoja de la confianza: en estos momentos las personas parecen haberse vuelto escépticas pero no de forma completa y con todos los actores de la sociedad, sino con aquellas instituciones y figuras que siempre pusieron el acento en su alteridad y que parecen haber traicionado el compromiso que habían tomado. La publicidad, los medios de comunicación y los políticos nunca fueron "uno de nosotros", sino que se mostraban como parte de otra liga. Frente a este descreimiento, creció un nuevo tipo de confianza: confianza en los extraños que, ahora vemos, es la confianza en aquellos que considero iguales a mí.

De acuerdo con la definición de Laufer, una de las tres condiciones del influencer es ser percibido como un par. Y esto también ocurre, por definición misma, en los vínculos *peer-to-peer* ("de par a par") de las plataformas de economía colaborativa. La crisis de confianza anida, entonces, en los vínculos asimétricos. Si alguien es percibido como un semejante, más allá de que lo sea o no, parece tener hoy una suerte de beneficio de la duda y se vuelve confiable, al menos hasta que se demuestre lo contrario. [14]

---

14 A la hora de evaluar la plausibilidad de esta hipótesis quizá sea interesante señalar cómo la influencia y relevancia de los influencers digitales parece decrecer a medida que aumenta su comunidad y comienzan a ser percibidos más como celebridades. Es fácil notar no solo que la proporción de interacciones y likes cae cuando el número de seguidores sube mucho sino que también aparece el fantasma de que "ya no es lo mismo que antes", "ya no responde los comentarios o mensajes" o el lapidario "se la creyó".

Bibliografía

Bardhi, F., y Eckhardt, G. M. (2012). Access-based consumption: The case of car sharing. *Journal of consumer research*, *39*(4), 881-898.

Berger, R. (2014). *Shared Mobility: How new businesses are rewriting the rules of the private transportation game*. Strategy Consultants, München.

Botsman, R., y Rogers, R. (2010). What's mine is yours. *The rise of collaborative consumption*.

Comscore (2021). *El Estado de Social Media en América Latina.*

Durkin, P. (2009). *The Oxford guide to etymology*. OUP Oxford.

Harcourt, B. E. (2015). *Exposed: Desire and disobedience in the digital age*. Harvard University Press.

Havas, *Meaningful Brands*, 2021.

Influence.co, *Ethics & Influencers*.

Kantar, *Dimensions 2020*.

Lamberton, C. P., y Rose, R. L. (2012). When is ours better than mine? A framework for understanding and altering participation in commercial sharing systems. *Journal of Marketing*, *76*(4), 109-125.

Laufer, D. (2017). Influencers y trolls: cómo trabajar en las redes sociales. *Sociales en debate*, (12).

Reuters Institute for the Study of Journalism, *Digital News Report 2021*.

CAPÍTULO 4

Cultura y publicidad digital

Por CÉSAR VACCHIANO

Licenciado en Ciencias Económicas por UCM y diplomado en Turismo. Ha realizado cursos de postgrado en UCLA y YALE. En 1990 trabaja en la OMT (PNUD), después en Ballester Consultants París involucrado en Programas de Calidad para agencias francesas y redes europeas. En 1993 se integra a SCOPEN como responsable del área de Investigación y desde 2008 es Presidente y CEO. Trabaja liderando proyectos en más de 15 países, docente en distintas universidades, jurado en diversos certámenes publicitarios, cosecretario permanente de los Premios Eficacia en España y miembro del Consejo Directivo de la Asociación Española de Anunciantes. En 2018, fue galardonado con el Premio al Emprendimiento de Agencias de España, premiando su trayectoria y logros en el sector de la Comunicación Comercial.

La inversión en digital por parte de las compañías anunciantes no ha dejado de crecer desde que comenzamos a analizar presupuestos pormenorizadamente. En 2012 un anunciante en España dedicaba el 17,1% de su presupuesto en marketing, publicidad y comunicación a acciones digitales y en 2020 ese porcentaje representa casi un 42%. En 2012 las inversiones se dedicaban básicamente a desarrollos web y medios digitales pagados; hoy en día las inversiones se dedican a múltiples verticales y muchas veces para los anunciantes es complejo determinar cuánto están invirtiendo en este territorio que es ya transversal a todas las acciones de comunicación que realiza una empresa. Por otra parte, los presupuestos ya no solo parten del departamento de marketing sino de múltiples responsables dentro de las compañías (comunicación, comercial, tecnología, sistemas, entre otros).

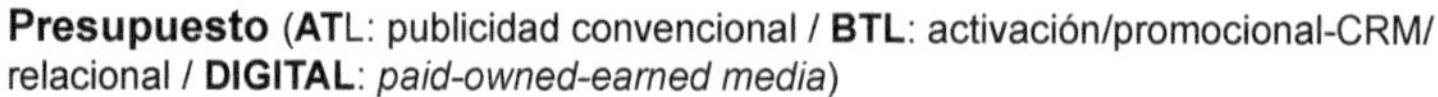

Presupuesto (**AT**L: publicidad convencional / **BTL**: activación/promocional-CRM/ relacional / **DIGITAL**: *paid-owned-earned media*)

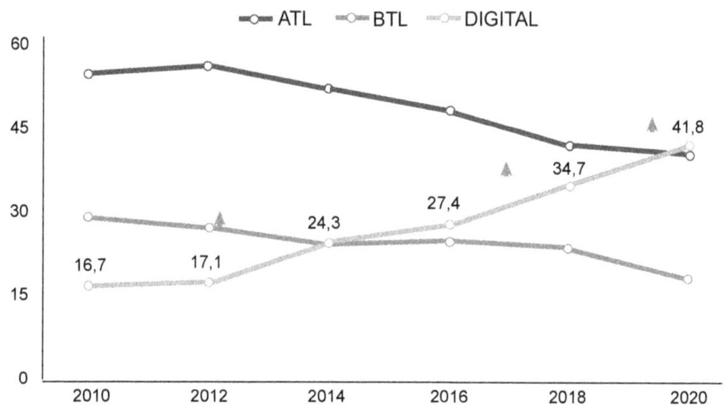

ESPONTÁNEA. **EMPRESAS** "RESPONDEN A LAS PREGUNTAS DE FACTURACIÓN Y PRESUPUESTO". DATOS EN PORCENTAJES (%)

Es importante también poner en contexto esa inversión en digital por parte de las empresas y sus marcas. Analizando la facturación anual de las compañías analizadas y sus presupuestos en marketing-publicidad-comunicación obtenemos un ratio del 3,5%, que representa lo que se invierte en marketing-publicidad-comunicación por cada 100 euros vendidos. En España este porcentaje cayó en 2020 como consecuencia de la pandemia COVID-19 (era de 3,9% en 2018).

Pues bien, de ese 3,5% de las ventas que se invierte en comunicación en España, en 2020 el peso estimado a publicidad digital por los responsables de marketing es del 1,5%. En otros mercados este indicador está entre un 0,4% (México o Reino Unido), pasando por 1,8% (China o Portugal) y un 4,5% (India). La inversión más alta se detectó en China en 2005, llegando al 6,5% en el momento en el que las marcas estaban invirtiendo intensamente para establecerse y ganar cuotas de mercado en el gigante asiático.

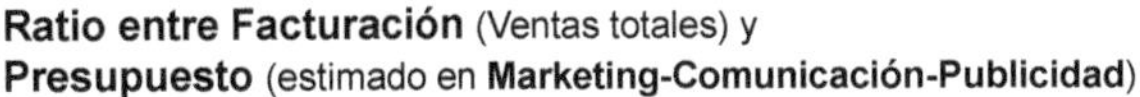

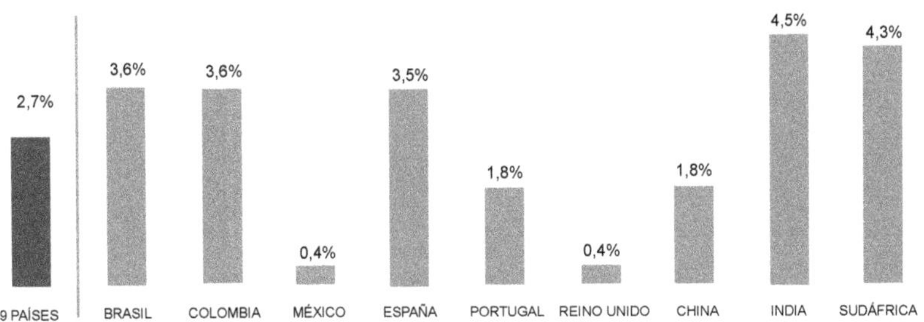

ESPONTÁNEAS. **EMPRESAS** "RESPONDEN A LAS PREGUNTAS DE FACTURACIÓN Y PRESUPUESTO". ENTREVISTADAS. DATOS EN PROMEDIOS DE DÓLARES AMERICANOS ($) Y RATIO PRESUPUESTO/FACTURACIÓN.

Siguiendo con las comparativas internacionales es interesante observar cómo en mercados como el chino, británico o brasileño las inversiones en digital son más intensas que en España. En todos los mercados la inversión en digital ha seguido la misma progresión y en algunos ya supera el 50% de esa inversión total en comunicación.

La media de inversión en digital en los 11 mercados analizados (ver página siguiente) es de 35,5%, pero se aprecia cómo en China ya alcanza el 50,1%, en Brasil el 45,1% y en UK el 40,7%.

Otro dato interesante es la distribución de la inversión en digital en España. Los datos vuelven a ser relativos a 2020 y no tenemos comparativo porque es la primera vez que hemos realizado este análisis entre anunciantes. Las tres partidas que atraen mayor inversión son: Medios Pagados Digitales (27%), Redes Sociales e Influencers (26,4%) y Buscadores –SEO/SEM– (19,8%). Llama la atención la escasa inversión en e-commerce y Marketplaces (4,2%). La pandemia ha acelerado las inversiones en este territorio y veremos cómo asciende rápidamente en los próximos meses.

Presupuesto (**ATL**: publicidad convencional / **BTL**: activación/promocional - CRM/relacional / **DIGITAL**: *Paid-owned-earned media*)

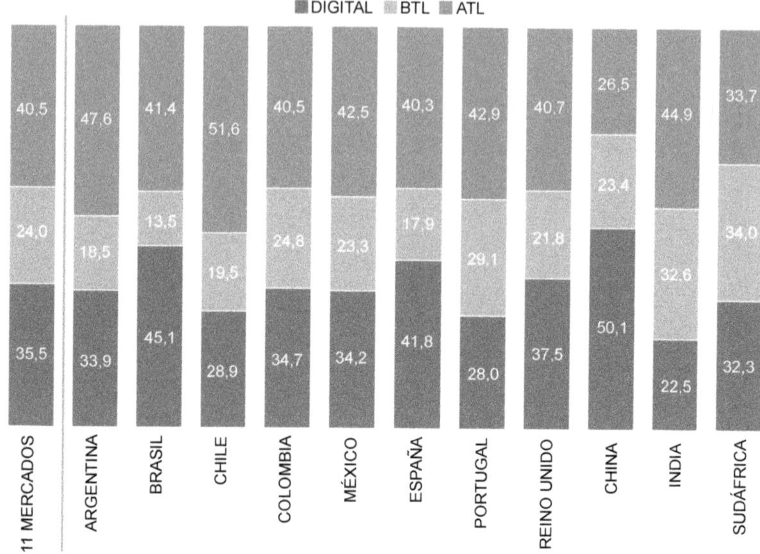

ESPONTÁNEAS. **EMPRESAS** "RESPONDEN A LAS PREGUNTAS DE FACTURACIÓN Y PRESUPUESTO". ENTREVISTADAS. DATOS EN PORCENTAJES (%)

Distribución de la inversión en el **Medio Digital** (pregunta nueva en esta edición)

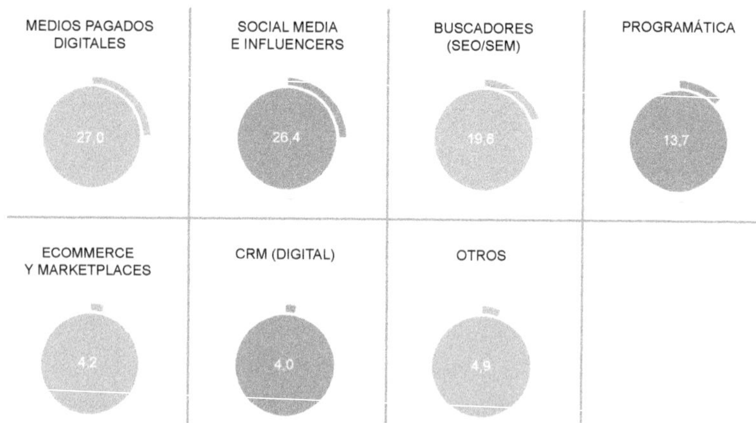

ESPONTÁNEA. **RESPONSABLES DE MARKETING** "TIENEN PRESUPUESTO DIGITAL" ENTREVISTADOS EN **2020** (494) DATOS EN PORCENTAJES (%)

La importancia del mundo digital

Una vez analizadas las inversiones de las compañías anunciantes y sus marcas es muy relevante entender la importancia que los directores de Marketing-Publicidad-Comunicación dan a las actividades relacionadas con digital dentro de sus compañías. Y si nos fijamos en el siguiente gráfico, que muestra distintas actividades y tareas desempeñadas por las compañías anunciantes, vemos como, entre las 5 disciplinas clave, se encuentra la "Estrategia Digital". Ha ido creciendo en importancia año tras año y ya está considerada la tercera disciplina más importante, solo por detrás de la "Planificación Estratégica" y la "Creatividad".

La creatividad tradicionalmente ocupaba la primera posición, pero desde hace unos 5 años, la planificación estratégica ocupa la primera posición. La tendencia comenzó en Reino Unido y Brasil, dos países con agencias con niveles creativos muy altos y en donde los anunciantes se empezaron a dar cuenta de que la clave estaba en una base estratégica sólida sobre la que construir las ideas creativas.

Entre las diez disciplinas clave, Social Media Marketing ocupa la novena posición y Performance la décima (ver página siguiente). De nuevo sorprende que e-commerce no ocupe una posición más relevante, pero crecerá en importancia muy rápidamente. Hay que tener también en cuenta que en organizaciones poco maduras digitalmente esta área aún no depende de Marketing y Comunicación.

La necesidad de tener que resolver tantas necesidades al mismo tiempo ha llevado a los anunciantes a buscar soluciones de dos tipos. Una, ha sido buscar una agencia que, de forma integrada, pueda solucionar todas las necesidades bajo un mismo techo. Las agencias han intentado vender esa capacidad de ofrecer soluciones integradas ya que les resultaba beneficioso gestionar un presupuesto más amplio resolviendo todas esas demandas por parte de los clientes. El problema para las agencias es que el presupuesto total gestionado por la agencia que ofrece la solución integrada nunca iguala la suma de los distintos presupuestos inicialmente

Disciplinas clave (**PREGUNTA**. (¿QUÉ **CINCO** DISCIPLINAS CONSIDERA QUE SON **CLAVE** PARA SU EMPRESA?) - DATOS GLOBALES

PREGUNTA SUGERIDA. **RESPONSABLES DE MARKETING** ENTREVISTADOS EN ARGENTINA, BRASIL, CHILE, COLOMBIA, MÉXICO Y ESPAÑA. DATOS EN PORCENTAJES (%)

establecidos para cada necesidad que se pensaba resolver de forma independiente. Los departamentos de compras han visto las soluciones integradas como una opción para ahorrar costos cuando la complejidad del reto también requiere que se recompense adecuadamente.

Definición de Integración (**PREGUNTA**. ¿QUÉ **DISCIPLINAS** TIENE EN CUENTA CUANDO **DEFINE A UNA AGENCIA COMO INTEGRADA**?

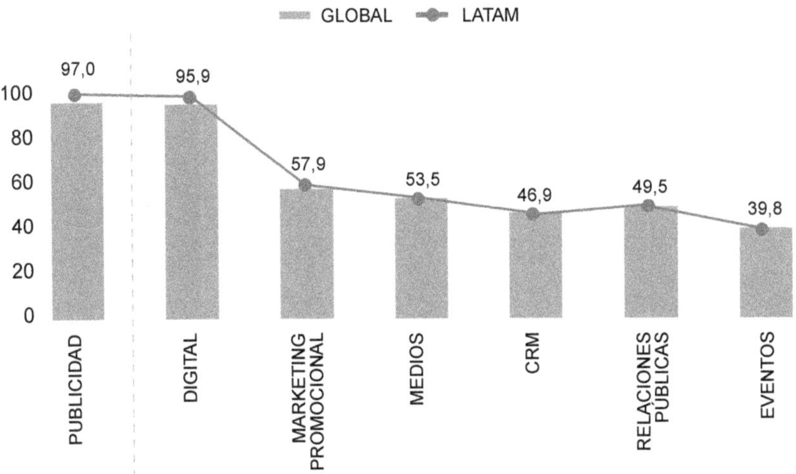

PREGUNTA SUGERIDA. RESPONSABLE DE MARKETING "**TRABAJARÍAN CON AGENCIA INTEGRADA**" **ENTREVISTADOS**. DATOS EN PORCENTAJES (%)

La mayor dificultad radica en que resulta muy complejo reunir el mejor talento para resolver todas esas necesidades bajo un mismo techo. Los anunciantes más exigentes y avanzados se han ido dando cuenta de que, aunque las agencias se posicionaban como integradas, en realidad no lo eran tanto. No tenían capacidad para ofrecer las mejores soluciones en múltiples territorios al mismo tiempo, ya que las capacidades cada vez requieren de más expertise técnico que no siempre es fácil unificar bajo una misma cultura.

El desarrollo del medio digital añadió dificultad ya que resulta muy difícil identificar, atraer y retener el mejor talento en los distintos verticales digitales. Es muy complicado para una agencia reunir a los profesionales más expertos y experimentados en todos esos verticales.

Por tanto, la mejor solución estaba en trabajar con múltiples agencias, cada una de ellas experta en una especialidad distinta (una en publicidad convencional, otra en publicidad digital, en marketing relacional, en activación, entre otras variables). Y en digital surgieron incluso agencias especialistas en cada uno de los verticales digitales (Redes Sociales, Data, Analítica, CRO, Performance, e-commerce, entre otras).

Integración y **Especialización** (P. ¿CON QUÉTIPO DE AGENCIA LE **GUSTARÍA** TRABAJAR)

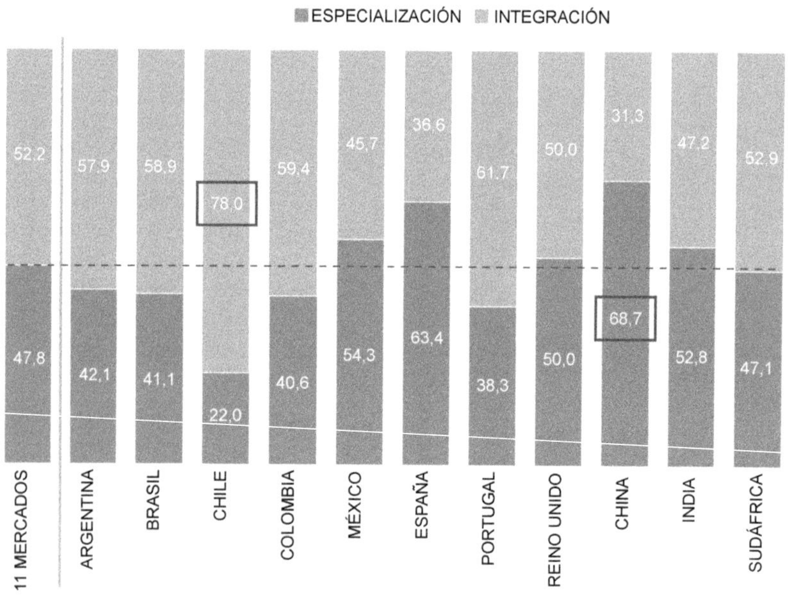

ESPONTÁNEA. **RESPONSABLES DE MARKETING** ENTREVISTADOS. DATOS EN PORCENTAJES (%)

En cualquier caso, la mayoría de los anunciantes a nivel global (no hay casi diferencias entre Global y Latam) que definen una agencia integrada, la consideran con esa capacidad si la agencia resuelve necesidades en publicidad en medios convencionales y necesidades digitales.

Esto supone que tanto si un anunciante busca una agencia integrada, como si busca agencias especialistas, en cualquiera de los dos casos, la agencia tiene que resolver necesidades digitales mínimas, si no está fuera de cualquier licitación (a no ser que sea excelente en creación de campañas audiovisuales de marca y que por esa excelencia sea contratada por ciertos anunciantes).

Hoy en día, todas las agencias se han digitalizado en mayor o menor medida y pueden ofrecer soluciones en el ámbito digital de cierto nivel a sus clientes. La digitalización de las agencias que nacieron como agencias de publicidad se ha producido vía adquisición (compra de agencias digitales) o contratación (identificación y atracción de profesionales especialistas digitales). Así, esas agencias más tradicionales pueden posicionarse hoy también como capaces de resolver necesidades digitales y no se quedan fuera de las licitaciones ni de las agencias consideradas como más atractivas por los anunciantes. Las agencias más débiles en digital es difícil que estén en el radar de los anunciantes cuando se crean listas cortas para después realizar consultas o convocar una licitación.

Hay que tener también en cuenta el movimiento inverso: las agencias que nacieron como compañías nativas digitales también han llevado a cabo adquisiciones de agencias de publicidad convencionales (en menor medida, aunque el mercado se está activando de forma notoria tras la crisis de la pandemia) o captación de notorios y reconocidos, directores creativos más tradicionales que les han permitido acceder a licitaciones de campañas de marca, *branded content*, experiencial, activación, entre otros.

Si analizamos las fusiones que se han producido en algunos grupos publicitarios, comprendemos mejor este deseo de ofrecer todas las capacidades desde una misma agencia y/o grupo. En el Grupo Havas, su agencia de medios, Media Planning fue pionera en integrar su unidad digital, Media Contacts, en la agencia de medios convencionales. Así pudo verdaderamente transmitir capacidades digitales en una agencia que por tener una unidad satélite específica no transmitía ese expertise.

Y años después se creó Havas Village para transmitir la unión de las capacidades creativas/digitales y de medios bajo un mismo techo.

Después la integración se produjo en Ogilvy, que también integró las capacidades que ofrecía bajo unidades especialistas (OgilvyOne, Ogilvy PR) bajo una única entidad y marca, Ogilvy, ofreciendo mejor así capacidad 360° como siempre había transmitido.

Siguiendo con WPP, después vinieron las fusiones de Wunderman Thompson y de VMLY&R, que también supusieron el gran refuerzo en digital de dos redes muy tradicionales y la creación de dos agencias verdaderamente integradas ofreciendo capacidades que son difíciles de encontrar en otras.

El Grupo Publicis también ha ido haciendo un movimiento integrador: The Power of One. Se unen las capacidades creativas, digitales, de medios, e incluso en salud, bajo ese paraguas. Todas las unidades colaboran estrechamente y ponen a disposición de sus clientes los mejores expertos en distintas disciplinas trabajando conjuntamente.

En las agencias de IPG vemos también posicionamientos interesantes. McCann WorldGroup representa una oferta evolucionada ofreciendo especialización e integración al mismo tiempo; mantienen unidades especializadas, McCann, MRM, Momentum y Craft, aunque trabajan bajo liderazgo común y de forma muy colaborativa. Y MullenLowe, y su pulpo de ocho brazos, también transmite potentes capacidades especializadas bajo una cabeza común.

Omnicom mantiene un posicionamiento más centrado en territorios de expertise dentro sus redes. BBDO, DDB y TBWA\ son más tradicionales en su oferta, aunque colaboran estrechamente con Proximity, Tribal o Rapp.

Y, por último, Dentsu en Japón es un grupo que siempre ha sido integrado. En esa dinámica ha radicado su éxito en el país nipón. Para reforzar su presencia internacional adquirió distintas compañías en diferentes territorios y en algunos países está replicando su modelo japonés con mucho éxito. La adquisición de Merkle supuso un movimiento pionero hacia el ámbito de Data y Tecnología que luego han seguido muchos otros.

En estos momentos algunas agencias hablan de su posicionamiento "On Demand" y transmiten, por tanto, capacidades integradas y especialistas al mismo tiempo, dependiendo de las necesidades de cada cliente.

Para las agencias es complicado posicionarse como integradas o como especialistas únicamente. Dependiendo de la marca a la que presentan, y de las necesidades que busca resolver esa marca, las agencias se posicionan como integradas y transmiten que pueden resolver todas las necesidades o especializadas y expertas en territorios concretos. Muestran casos y trabajos de otros de sus clientes que les ayudan a reforzar un posicionamiento u otro. Y así van evolucionando.

Agentes (de **Marketing-Comunicación-Publicidad** con los que trabajan los Responsables de Marketing entrevistados)

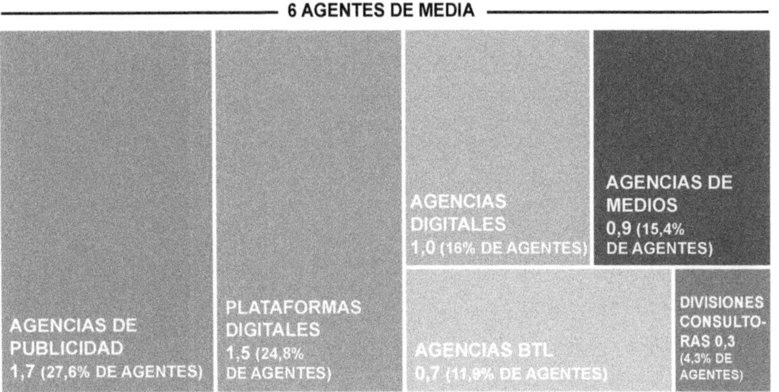

ESPONTÁNEA. **RESPONSABLES DE MARKETING** ENTREVISTADOS EN **2020** (452). DATOS EN PORCENTAJES (%)

Ese refuerzo por parte de las agencias de capacidades en múltiples territorios y la multiplicidad, y complejidad, de las necesidades a resolver por parte de los anunciantes, los ha llevado a tener que trabajar con varios agentes al mismo tiempo. En España, los anunciantes trabajan con una media de 6 agentes al mismo tiempo: 1,7 agencias de publicidad, 0,9 agencia de medios, 1,0 agencias digitales, 0,7 agencias de servicios de marketing (BTL), 1,5 plataformas digitales y 0,3 consultoras. Y habría que sumar también las agencias de Comunicación y Relaciones Públicas.

Es muy relevante que, por esa especialización de la que hablábamos, casi todos los anunciantes en España trabajan con una agencia digital. En mercados más grandes y complejos (Estados Unidos, Reino Unido, China o India) los anunciantes incluso trabajan con más de una agencia digital. Principalmente en China por las complejidades del mercado, pero también en otros países, incluso algunos anunciantes tienen una agencia de medios para convencional y otra agencia de medios para digital.

Para los anunciantes, tener que mantener relaciones con tantos agentes a la vez requiere de una coordinación, a veces, muy compleja de ejecutar. Por eso hay anunciantes que deciden identificar a una de

Modelos de Colaboración (P. ¿CONSIDERA ALGUNA DE SUS AGENCIAS COMO "**AGENCIA LÍDER**"?

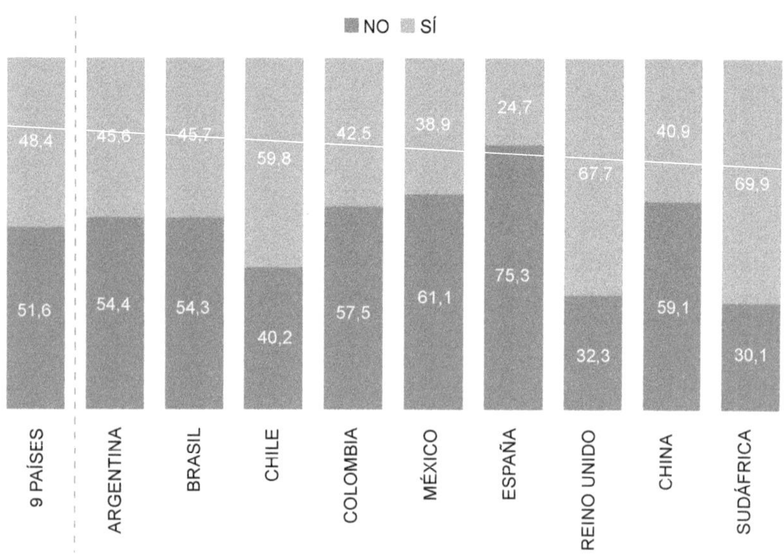

las agencias con la que trabajan como líder o *lead agency* (más frecuente de encontrar en mercados anglosajones, por ejemplo, Estados Unidos, Reino Unido o Sudáfrica). Esta *lead agency* es la que ayuda al cliente a orquestar todo su ecosistema de socios en comunicación con los que trabaja. Las cualidades principales que debe tener una agencia para poder desempeñar esa función son un departamento de Data muy desarrollado y excelencia en sus capacidades de planeación estratégica y creatividad. En esa agencia se generarán las grandes ideas que, transmitidas al resto de agentes con los que trabaja el cliente, posteriormente se implementarán en múltiples medios y canales.

Pocas veces las agencias digitales se posicionan como "*lead agency*" de las marcas. Si bien cuentan con grandes fortalezas en Data y entendimiento del medio digital (Redes Sociales, Influencers, plataformas digitales o Marketing Automation) y la Tecnología. Es necesario que refuercen aún más sus capacidades en estrategia y creatividad para poder adoptar una posición más relevante ante los clientes.

Necesidades digitales de los anunciantes

Si comenzamos con la estrategia digital, las agencias de medios (43,3%) y las agencias digitales (38%) son los agentes mayoritariamente contratados para resolver esta necesidad de las marcas. Es sorprendente que una de cada cinco compañías lo trabajen internamente sin contratar apoyo externo y las agencias de publicidad tienen un posicionamiento más débil en esta capacidad.

Y es que vamos detectando desde hace algunos años cómo las empresas anunciantes intentan resolver mayor número de necesidades internamente. Y no solo en el territorio digital. Es muy relevante el porcentaje de marcas que resuelven *in-house* necesidades web (43,2%), UX/UI (36,8%), e-commerce (33,2%), Mobile/Apps (30,8%), SEO/SEM (19,2%) y Social Media (17,6%).

Las agencias digitales son las mejor posicionadas (y las que, por tanto, han conseguido trasladar mayor credibilidad y confianza) en Social Media (37,6%), necesidades web (30,8%), Mobile/Apps (26,4%), UX/UI (18,8%), e-commerce (16,8%), Marketing Cloud (8,8%) y Gaming (5,6%).

Por su parte, las agencias de medios, además de liderar la estrategia de medios ya mencionada, muestran una posición predominante en Display (46%), Performance (44%) y SEO/SEM (40%). Las agencias de publicidad se están quedando muy circunscritas a los territorios de la creatividad y producción. Y lideran la producción digital como también sucede con la producción gráfica y audiovisual.

A las agencias de servicios de marketing (o BTL) les queda todavía por reforzar sus capacidades en digital y ofrecer soluciones en este territorio. En China ya han evolucionado enormemente y sus soluciones en activación y experiencial se han potenciado con el uso de plataformas y tecnología además del incremento de la visibilidad de las acciones con su *expertise* en el uso de las redes sociales e influencers. También han evolucionado desde el *Shopper Marketing* y *expertise* en *retail* tradicional hacia un dominio muy profundo de *Marketplaces* y *e-commerce*. Las consultoras de comunicación y agencias de Relaciones Públicas también están evolucionando, pero aún les queda por reforzar sus capacidades en digital para liderar la capacidad de ofrecer soluciones a sus clientes.

Y lo que sucede con las divisiones de marketing de las consultoras (en esencia Accenture Interactive y Deloitte Digital) es que todavía son pocos los anunciantes que están trabajando con ellas para resolver necesidades en comunicación y publicidad.

Cuando se mencionan otras empresas se hace referencia a empresas especialistas en cada uno de esos territorios analizados. Si analizamos Gaming aún son pocos los anunciantes que están haciendo incursiones en esta disciplina y 73,2% reconocen que aún no han realizado ninguna acción en este territorio. También destaca que un 43,2% de las marcas reconocen que aún no han invertido en Marketing Cloud.

¿Quién hace qué? (disciplinas que lleva a cabo el anunciante con colaboradores y/o internamente)

	ESTRATEGIA DIGITAL	SOCIAL MEDIA	SEO Y/O SEM	E-COMERCE	WEB	MOBILE / APPS	DISPLAY	UX/UI	MARKETING CLOUD	GAMING	PRODUCCIÓN DIGITAL	PERFORMANCE
SOLO INTERNAMENTE	20.8	17.6	19.2	**33.2**	43.2	30.8	10.4	**36.8**	29.2	10.4	12.4	14.8
AGENCIA PUBLICIDAD	18.0	20.4	5.6	2.4	14.4	10.4	19.6	9.2	4.0	2.8	**56.8**	13.2
AGENCIA BTL	--	0.8	--	0.4	--	--	0.4	--	1.2	0.8	4.4	1.6
AGENCIA DIGITAL	38.0	**37.6**	33.2	16.8	30.8	26.4	30.4	18.8	8.8	5.6	33.6	22.4
AGENCIA DE MEDIOS	**43.2**	25.2	**40.0**	14.0	4.0	13.2	**46.0**	4.4	4.8	4.0	5.2	**44.0**
AGENCIA RR.PP.	3.6	14.0	0.4	0.4	0.4	--	0.4	0.8	--	0.4	2.4	0.4
CONSULTORA	3.2	0.4	1.2	4.0	4.4	3.6	1.2	5.2	5.2	0.4	--	1.6
OTRA EMPRESA	2.4	8.0	6.4	9.2	11.6	13.2	8.4	12.0	8.4	5.6	8.8	7.2
NO REALIZA	1.2	1.6	5.2	29.2	2.0	15.2	4.8	20.8	**43.2**	73.2	1.2	11.2

SUGERIDA. **RESPONSABLES** DE **MARKETING** ENTREVISTADOS EN 2018 (266) Y 2020 (250).
DATOS EN PORCENTAJES (%)

Es relevante mencionar que en la tabla de disciplinas y agentes hemos destacado en grisado más claro las celdas en donde los agentes están aumentando su involucración en el último año. Y en grisado más oscuro, las celdas en donde los agentes disminuyen actividad. Como era de esperar son las agencias digitales las que más están creciendo su involucración con los clientes en estos verticales digitales ya que requieren de un talento, experiencia y actualización constante que solo ellas pueden resolver satisfactoriamente desde su especialización.

Capacidad digital

Uno de los análisis más tradicionales de nuestros estudios es el referente a los criterios que se utilizan a la hora de seleccionar agencia.

La creatividad ha liderado siempre por importancia a todos las demás capacidades que se mencionan a un anunciante, aunque, en el Reino Unido y Brasil, la planeación estratégica viene liderando el análisis desde hace unos años por la importancia creciente que las marcas conceden a esta disciplina.

Por supuesto que el equipo de profesionales, el talento, las personas, son clave y, en todos los países, figura en una de las tres primeras posiciones por importancia, también creciente en los últimos años.

Relevante para nuestros análisis es que la capacidad digital ocupa la cuarta posición en importancia. Para el 53,6% de los clientes la capacidad digital, de las agencias que analizan como posibles socios en comunicación, es determinante para elegirlas o no. Y para otro 36,7% es importante. Con lo que solo para un 8,0% de los anunciantes la capacidad digital es solo algo influyente y tan solo para un 1,7% no es relevante cuando se elige agencia.

Es importante también destacar que la innovación ligada a la transformación digital de los negocios es también determinante para un 45,6% e importante para un 47,3%. Estos dos factores reflejan la importancia para las agencias de transmitir ese posicionamiento y fortaleza digital para convertirse en opciones atractivas para los clientes y en conseguir el triunfo en la consecución de las cuentas. Sin esa capacidad digital es muy difícil crecer captando nuevos negocios en los tiempos actuales.

¿La agencia ideal?

Los anunciantes definen de forma espontánea las características que debería reunir una agencia para ser considerada "ideal" o ejemplar. La definen con 3 o 4 características de media. La pandemia ha reforzado dos atributos que siempre han sido demandados, pero ahora lo son en mayor medida: creatividad/innovación y conocimiento.

Criterios de selección (de agencias creativas)
DETERMINANTE
IMPORTANTE
ALGO INFLUYENTE
SIN IMPORTANCIA
100
75
50
25
0
PREMIOS 40,1 43,0 16,5
AGENCIA INDEPENDIENTE 50,2 32,1 15,6
SERVICIO DE MEDIOS 48,1 26,6 19,8
RED INTERNACIONAL (DE AGENCIA) 45,1 20,7 25,7 8,4
RELACIONES ANTERIORES (A LA ELECCIÓN) 20,7 38,0 31,6 9,7
DECISIÓN INTERNACIONAL (DEL ANUNCIANTE) 62,4 13,9 12,7 11,0
DATA SCIENCE (DATA ANALYTICS, MEDICIÓN) 9,7 21,9 47,7 20,7
EXPERIENCIA PREVIA 11,8 23,2 42,2 22,8
SERVICIOS INTEGRADOS (CAPACIDAD PARA OFRECERLOS) 11,4 30,8 35,0 22,8
RESULTADOS (EFICACIA DE CASOS OTROS CLIENTES) 18,6 51,9 25,7
COSTE DEL SERVICIO 8,0 49,4 41,8
METODOLOGÍA TRABAJO (PROCESOS INTERNOS) 12,2 41,4 44,7
TRANSFORMACIÓN (DIGITAL, NEGOCIO, INNOVACIÓN) 47,3 45,6
TAMAÑO / RECURSOS (ADECUADOS A LAS NECESIDADES) 11,4 37,6 46,0
NO CONFLICTO CUENTAS (DEL MISMO SECTOR) 14,4 18,1 18,6 48,9
CAPACIDAD DIGITAL 36,7 53,6
PLANIFICACIÓN ESTRATÉGICA 32,1 62,9
EQUIPO PROFESIONALES (DE LA AGENCIA) 24,9 69,6
CREATIVIDAD 18,6 80,6
SUGERIDA RESPONSABLES DE MARKETING ENTREVISTADOS EN 2020 (237). DATOS EN PORCENTAJES (%)

Los anunciantes necesitan ideas de sus agencias, ese es su primer deseo y es el que más ha crecido como consecuencia de la pandemia de COVID-19.

A continuación, demandan conocimiento (de tendencias, de la competencia, del consumidor, entre otros) de tal forma que puedan tomar decisiones con mayor tranquilidad a partir de los datos y el pensamiento que les aportan sus agencias. Ese conocimiento también se verbaliza y está íntimamente ligado a la aportación en planificación estratégica (cuarto elemento más demandado). Sin los datos no se pueden identificar *insights* y construir campañas basadas en grandes ideas.

Y en tercer lugar encontramos un buen servicio de cuentas y atención al cliente. Otras menciones completan también esta demanda como son el cumplimiento de tiempos (respuestas rápidas) y proactividad/iniciativa (demandada sobre todo en referencia al equipo de cuentas).

Con relación a nuestro análisis es relevante que la capacidad digital se mencione en sexto lugar. En otras ediciones ocupaba posiciones más altas en la tabla, pero fue disminuyendo en menciones según las agencias fueron reforzando esta capacidad. Lo que sí es cierto es que desde 2020 es uno de los conceptos que más crecen como consecuencia también de la pandemia y las mayores demandas de los anunciantes en el ámbito digital y tecnológico. También hay que tener en cuenta la propia sofisticación del medio que hace que los anunciantes recuerden a las agencias que no deben bajar la guardia y seguir reforzando sus capacidades para no decepcionar ante las demandas crecientes de las marcas y los usuarios.

Otros aspectos mencionados y muy relacionados con digital son la innovación a través de la transformación digital de los negocios, la oferta de servicios integrados (pensando fundamentalmente en digital integrado en la oferta) y la especialización (de nuevo en muchas ocasiones referida a los distintos verticales digitales).

Una conclusión importante es que una agencia difícilmente podrá ser considerada como ideal o perfecta si no muestra claramente una potente capacidad digital. Los anunciantes la demandan como tal, pero al mismo tiempo es muy difícil innovar (primera demanda) sin esa capacitación digital que también ayudará a transformar las marcas y los negocios, a demostrar resultados y eficacia, a fidelizar a los clientes y a construir relaciones a largo plazo.

Desafíos futuros

Para finalizar es interesante analizar los desafíos a los que se enfrentan los anunciantes en el futuro y cómo lo digital está muy presente en esos retos. La mayor preocupación radica en el conocimiento del consumidor y los puntos de contacto para llegar a él. El segundo desafío es la diferenciación frente a la competencia (otras marcas y compañías). Y, en tercer lugar, reforzar la capacidad digital (de los profesionales) y conseguir apostar (desde sus empresas) e invertir más en su desarrollo digital.

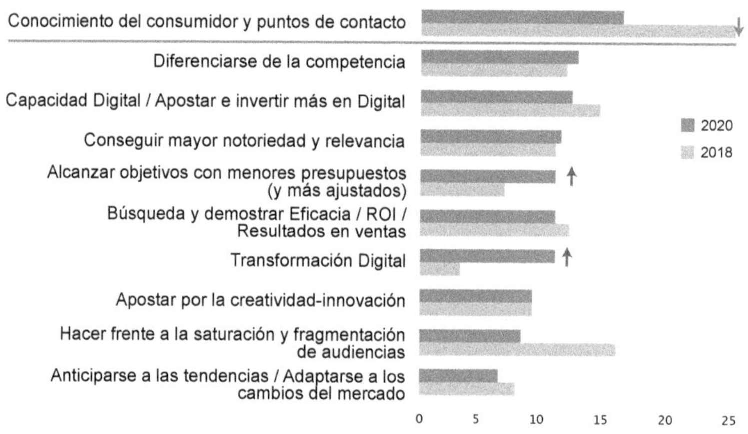

SE MUESTRAN PORCENTAJES MAYORES AL 7% EN 2020.

ESPONTÁNEA. **RESPONSABLES** DE **MARKETING** "RESPONDEN A LA PREGUNTA" EN **2018** (466) Y **2020** (595). DATOS EN PORCENTAJES (%). (2,0/1.9 MENCIONES DE MEDIA).

En cualquier caso, casi todos los retos en mente de los anunciantes están íntimamente relacionados con el entorno digital. Muchos de los puntos de contacto lo están hoy en día. La diferenciación de la competencia, la mayor notoriedad y relevancia, pueden conseguirse por la presencia en este medio. El medio digital puede ayudar a alcanzar objetivos con menores, y más ajustados, presupuestos, ayuda a apostar por la innovación y puede hacer frente a la saturación y a la fragmentación de audiencias. Y lo digital es clave para conseguir adaptarse a los cambios de mercado y anticiparse a las tendencias.

Por tanto, sin un dominio de todo lo que supone el ámbito digital es muy difícil hacer frente a los retos futuros que los anunciantes tienen bien identificados. Sin duda es por eso que los clientes entienden las complejidades y la importancia de contar con un adecuado ecosistema de *partners* que puedan ayudarles a afrontar con éxito esos desafíos.

Al mismo tiempo, los anunciantes tienen también identificados los retos a los que se enfrentan las agencias. El primero y más relevante, el refuerzo de sus capacidades creativas y el aporte de más innovación. El segundo apostar e invertir más en digital avanzado para reforzar capacidades en ese territorio. Los anunciantes son conscientes de las dificultades del medio y la oportunidad que les brindan las agencias aportando conocimiento y experiencia si están bien capacitadas para hacerlo.

El tercer reto de las agencias tampoco es menor. Los anunciantes creen que deben reinventarse, adaptándose a los nuevos tiempos, e intentar diferenciarse unas de otras (con posicionamientos y oferta diferenciadas) y de nuevos agentes que han ido apareciendo en la industria, principalmente las consultoras, pero también las plataformas digitales.

Muchos de los retos identificados para las agencias son el espejo de los desafíos a los que se enfrentan los anunciantes. Esto demuestra también cómo las marcas piensan en sus socios tradicionales para poder enfrentarse al futuro con éxito.

Si las agencias consiguen transformarse y reinventarse, ofreciendo nuevos servicios, identificando, atrayendo y reteniendo talento, evolucionando en sus sistemas de remuneración, ganarán relevancia y recuperarán una posición predominante ante las marcas. Y casi todo ese giro depende de cómo afronten su posición ante el mundo y su impacto a través de la tecnología.

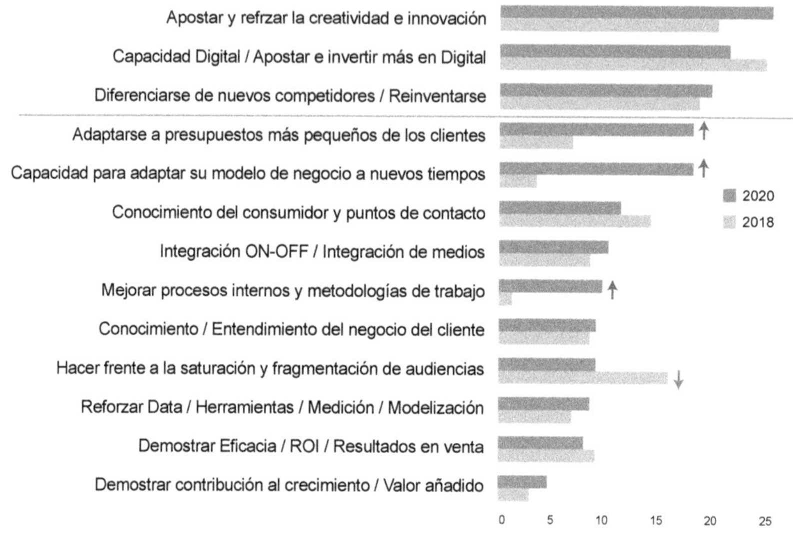

SE MUESTRAN PORCENTAJES MAYORES AL 3,5% EN 2020

ESPONTÁNEA. **RESPONSABLE** DE **MARKETING** "RESPONDEN A LA PREGUNTA" EN **2018** (312) Y **2020** (366). DATOS EN PORCENTAJES (%). (1.9/1.9 MENCIONES DE MEDIA).

La agencia del futuro

Para finalizar es clave mirar al futuro y entender cómo vislumbran los anunciantes el panorama de las agencias en el 2030. Dentro de 10 años los anunciantes creen que las agencias deberían aportar esa innovación que permita, a través de su capacidad integrada y conocimiento profundo de las oportunidades que ofrece la tecnología, la transformación de los negocios.

La creatividad/innovación siguen siendo claves (y para muchos anunciantes ligada de nuevo a digital). La capacidad digital vuelve a ser mencionada como tal y también se demanda que las agencias tengan capacidad real para ofrecer servicios integrados (de nuevo refiriéndose a digital).

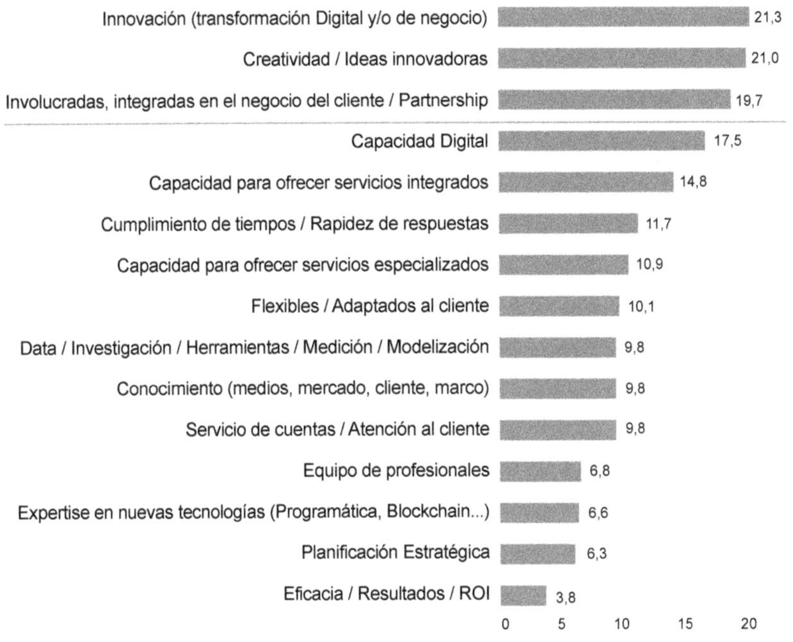

SE MUESTRAN PORCENTAJES MAYORES AL 3,5% EN 2020

SUGERIDA. **RESPONSABLES** DE **MARKETING** ENTREVISTADOS EN **2018** (366). DATOS EN PORCENTAJES (%). (MEDIA DE MENCIONES 2,1.)

Hay que tener en cuenta que los tres *partners* más mencionados por los anunciantes como claves para afrontar sus retos futuros son Google, Facebook y Amazon. Por lo tanto, las agencias que tengan el expertise para colaborar con estos gigantes serán también las que estén mejor posicionadas para resolver necesidades de sus clientes.

Es muy esperanzador que los anunciantes crean fundamental que las agencias estén íntimamente involucradas en el negocio de sus clientes. Esto puede llevarnos en esta industria tan cíclica en la que trabajamos a que volvamos a vivir relaciones de partnership de confianza y larga duración como las que existían en tiempos de Mad Men.

CAPÍTULO 5

Periodismo y publicidad en el mundo digital

Por ALDANA VALES

Aldana Vales es la editora general de la International Journalists' Network, la publicación sobre innovación en medios y tendencias a nivel mundial del Centro Internacional para Periodistas (ICFJ). Desde Washington, también cubre política estadounidense para Argentina. Interesada en un periodismo que incluya voces más diversas en su cobertura, Aldana trabajó previamente en el área de audiencias y comunidad con Documented en Nueva York y Economía Femini(s)ta en Buenos Aires.

A lo largo de las primeras dos décadas del siglo XXI, asistí a incontables discusiones sobre la supervivencia de los medios de comunicación. Tal vez la última que presencié que solo incluyó menciones a anunciantes haya sido en 2011. Trabajaba en una agencia de relaciones públicas y mi trabajo era sencillamente vender avisos para una revista que la consultora publicaba. La lógica era bastante simple: cada edición costaba una X cantidad de dinero; había que vender contratapas, páginas enteras y pequeños anuncios en una guía para alcanzar ese umbral mínimo que garantizara que no habría pérdidas. La verdad es que no lo logramos nunca. En cada número, la revista terminaba subsidiada por otros ingresos que tenía la agencia. Yo todavía estaba en la universidad, pero el sistema no me parecía ni eficaz ni eficiente.

Pasaron casi cinco años desde ese momento hasta que me enteré de la aplicación de la palabra "sostenibilidad", que se relacionaba solo con el medio ambiente, para el negocio periodístico. Había estado ausente de mis estudios en periodismo y en comunicación. Ahí había escuchado explicaciones teóricas sobre gestión de productos culturales, definiciones de conceptos como economía de escala y estrategias para reducir la aleatoriedad en la demanda. Un contenido muy interesante, pero poco práctico cuando en la realidad había medios que cerraban y periodistas que se quedaban sin trabajo y sin un ingreso.

Hoy, por suerte, parece que esa palabra está en todos lados. En universidades, en conferencias, en revistas especializadas que intentan descifrar cuál es la fórmula que permitirá que los medios sigan existiendo. Una fórmula que ahora en ningún caso se limita a los ingresos por publicidad que frecuentemente está centrada en otras fuentes de financiamiento.

Tal vez la idea de sostenibilidad aplicada a los medios de comunicación haya comenzado apenas como la búsqueda de una solución a la falta de dinero para financiar las actividades periodísticas. No hay por qué sorprenderse: con la disrupción causada por Internet a partir de la década de 1990, las ventas de las ediciones impresas de diarios y revistas comenzaron a caer sin freno. Aparecieron las predicciones sobre el "fin del papel" mientras el contenido quedaba flotando en forma gratuita en la web. Los anuncios publicitarios, que habían sido el principal sostén hasta ese momento, buscaron refugio en espacios que les garantizaban un efecto más certero y controlado, como los avisos dirigidos en redes sociales. La relación entre medios y anunciantes, que nunca fue ideal, quedó herida. Pero recomponerla ahora requiere mucho más que volver a destinar dinero para espacios publicitarios.

"La viabilidad en medios es la habilidad de los medios de comunicación y los entornos mediáticos de producir periodismo de alta calidad de forma sostenible", sostiene la DW Akademie. Una definición holística que va más allá de lo que cada medio puede hacer con sus fuentes de financiamiento y, en cambio, tiene en cuenta un panorama más amplio que incluye mercados y redes.

En sus indicadores de viabilidad, DW Akademie analiza el ambiente político en el que opera un medio, tanto a nivel nacional como local o municipal. Tiene en cuenta la dimensión económica y la relación de las organizaciones con las comunidades a las que teóricamente sirven. Y evalúa también el nivel tecnológico del que dispone y la calidad del contenido que publica o difunde.

La búsqueda de sostenibilidad suele quedar asociada y limitada a la expansión de los ingresos que puede tener una organización. Pero es más amplia porque, en general, este concepto se refiere a la capacidad de un medio para funcionar bajo una serie de condiciones políticas, legales y económicas. Según esta idea, en un ambiente sostenible, el periodismo trabaja sin miedo a una eventual violencia o interferencia. En ese escenario hipotético, los medios pagan salarios decentes a sus periodistas y operan en un entorno de negocios estable. Sus contenidos expresan una pluralidad de miradas, representan todo el abanico de intereses presentes en la sociedad y los grupos minoritarios o históricamente relegados están incluidos. Tal mundo ideal, por supuesto, no existe.

La relación actual con la publicidad es problemática porque los medios necesitan encontrar nuevas formas de convencer a las empresas anunciantes. Pero además en un mundo en el que la viabilidad depende de audiencias que se vean representadas en los contenidos, la publicidad también es un espacio que debe apuntar a ser sostenible de una forma más amplia e inclusiva.

Las ideas de viabilidad y de sostenibilidad simplificadas vinieron de la mano de la noción de diversificación del modelo de negocios. Esto concentra un conflicto que, palabras más, palabras menos, podría ser resumido de la siguiente forma: el modelo tradicional de un periodismo financiado exclusivamente por avisos publicitarios está agotado y, para pagar sus operaciones, hay que buscar y añadir nuevas fuentes de ingresos. Un objetivo que, hoy sabemos, no es nada fácil de alcanzar.

Publicidad que huye hacia el triopolio

Existe una especie de relato del paraíso perdido en las referencias a ese momento en el que la publicidad empezó a huir de los medios periodísticos tradicionales. Una narración que contrapone el apocalipsis actual, con cierres de medios y despidos de periodistas, a un supuesto jardín del Edén previo sostenido con el dinero de empresas anunciantes.

Los análisis que se emiten desde Estados Unidos suelen atribuir culpas a tres tipos de responsables por la tormenta perfecta causada por la pérdida de la publicidad y la falta de otro tipo de ingreso que la suplantara.

En primer lugar, la irrupción de Craigslist en 1995, un espacio de avisos clasificados creado por el estadounidense Craig Newmark. Como mayormente estos avisos son gratuitos, la existencia de este sitio implicó un ahorro de 5 mil millones de dólares para quienes adquirían estos servicios entre 2000 y 2007. Para los diarios locales del país norteamericano, el impacto del ingreso de Craigslist en el mercado de clasificados significó una suba en los precios de las suscripciones, una baja en la circulación y una disminución en las tarifas de sus propios espacios de avisos durante los primeros siete años del siglo XXI[1].

Las señaladas en segundo lugar son las grandes empresas tecnológicas de Internet. Google y Facebook concentran casi dos tercios de la publicidad digital en Estados Unidos. Después de la llegada de la pandemia de COVID-19, que obligó a mudar gran parte de las actividades a la esfera virtual, el "triopolio" conformada por estas dos empresas y

1 Seamans, R. y Zhu, F. Responses to Entry in Multi-Sided Markets: The Impact of Craigslist on Local Newspapers. *Management Science* 60 (2) 476-49

Amazon se lleva más de la mitad de cada dólar que se gasta en publicidad en el país norteamericano[2].

A esta altura, este dato no debería sorprender a nadie en la industria publicitaria. Su explicación también es bastante sencilla. David J. Moore, expresidente del Interactive Advertising Bureau, lo explica así: "Como los usuarios tienen que ingresar, Google y Facebook saben, casi con una certeza perfecta, las identidades de sus usuarios. El resultado neto es que estos servicios pueden ofrecerles a los anunciantes avisos dirigidos para alcanzar individuos específicos, con una precisión casi perfecta"[3]. En los medios tradicionales impresos, esa certeza era imposible. En los digitales, en un principio, se dejó de lado.

En el relato de la expulsión del paraíso de la estabilidad, según el nivel de autocrítica de la persona que analiza, aparece un tercer sector responsable: los propios medios. En esta tercera variante el periodismo, cuando creó sus primeras páginas y publicó sus primeros artículos en la red, lo hizo sin pedir nada a cambio. A excepción de algunas organizaciones como el Wall Street Journal, los medios periodísticos de Estados Unidos se volcaron a reproducir sus ediciones impresas en formato digital sin cobrar por el acceso. El periódico financiero de Manhattan fue una de las pocas excepciones que incluyó la suscripción como modelo desde el inicio de su vida digital. Era, tal vez, uno de los pocos que podía darse el lujo de cobrar por un contenido que servía a profesionales para tomar decisiones en sus sectores de trabajo. El resto de los medios, desde los grandes diarios generalistas hasta las revistas de nicho, no tuvo o no vio esa posibilidad.

Pero incluso después de sentir el impacto de Craigslist primero y el de las plataformas de redes sociales después, a los medios les costó reaccionar. Para la gran mayoría, también llevó tiempo e investigación

---

2 https://www.wsj.com/articles/how-covid-19-supercharged-the-advertising-triopoly-of-google-facebook-and-amazon-11616163738

3 https://digitalcontentnext.org/blog/2020/05/19/identity-crisis-why-google-and-facebook-dominate-digital-advertising/

saber cómo empezar a cobrar contenido que, una vez pasada la primera década del siglo, parecía que siempre había sido gratuito.

Comenzaron a aparecer las palabras mágicas: transformación digital, redacción integrada, narrativas y formatos digitales –todos intentos de un sector tradicional que buscaba adaptarse. La primera conferencia de la *Online News Association*, por ejemplo, es de 2000. Casi dos décadas después, en la edición de 2019 en Nueva Orleans, su fundador Rich Jaroslovsky se preguntaba si el nombre todavía tenía vigencia, dado que todas las noticias ahora pasaban por el mundo *online*. Dos décadas dentro del siglo XXI, pensar la sostenibilidad del periodismo es pensarla, sobre todo, dentro del mundo digital. En ese ámbito, la publicidad ya no es la única fuente posible.

Pecado original

En la segunda década del siglo, los medios, en especial los estadounidenses, salieron a tratar de solucionar aquel pecado original de entregar los contenidos de forma gratuita a todo el mundo. Aparecieron así las suscripciones, los clubes, las comunidades, los accesos exclusivos. Todos modelos que intentan que los usuarios paguen, de alguna forma u otra, por el contenido que producen las empresas periodísticas.

También fue frecuente ver la aparición de medios sin fines de lucro que aspiran a ofrecer su periodismo de forma gratuita, entendiendo que brindaban un servicio público. Esto no significa que este tipo de organizaciones no busque un apoyo económico. Lo hacen apelando a las donaciones o, frecuentemente, a través de campañas de financiamiento colectivo en la que participan quienes creen en el papel que cumple ese medio.

El vuelco de los medios hacia las audiencias quedó evidenciado al principio de la segunda década del siglo, plasmado en el famoso informe de innovación del *New York Times.* Lo que en un principio fue un documento interno y secreto, con el que el diario estadounidense quería marcarse un camino a seguir para aumentar el número de suscripciones, se convirtió en prácticamente bibliografía obligatoria para periodistas que quisieran encontrar una guía para sus propios proyectos.

La principal propuesta de ese documento fue nada menos que hacer del desarrollo de la audiencia "una parte central y urgente" de la misión del *Times*[4]. En menos de diez años, el medio neoyorquino pasó de alarmarse porque su audiencia en el sitio caía y la de su aplicación móvil se hundía a liderar los números de suscripciones y anunciar con bombos y platillos cada vez que suma un nuevo millón de suscripciones[5].

Las que también parecen convencidas de que el futuro está en las audiencias que pagan son las compañías tecnológicas. En este tiempo, Google y Facebook crearon sus departamentos dedicados a relacionarse con el periodismo –Google News Initiative en el primer caso; Facebook Journalism Project en el segundo. De las dos surgen con frecuencia los programas de capacitación o de aceleración para medios de comunicación. Dado que la publicidad se va a quedar en estas plataformas y no va a volver a los medios, las dos empresas ahora intentan explicar a la industria mediática cómo conseguir dinero de parte del público o cómo desarrollar productos innovadores que convenzan a las personas de brindar un apoyo económico.

Pero las audiencias, en general, no son muy propensas a pagar por el contenido periodístico. Si bien actualmente está relativamente extendido el hecho de tener una cuenta en algún servicio de *streaming* como Netflix, Hulu o Spotify, en el mundo periodístico la historia es otra.

El Instituto Reuters, que todos los años publica su *Digital News Report* (Informe de Noticias Digitales, en inglés), quiso saber en su edición de 2021 si la gente estaba al tanto de la situación económica de los medios. En los mercados en los que hizo su investigación, el 31 por ciento creía que la mayoría de los medios son menos rentables de lo que

4 https://www.scribd.com/doc/224608514/The-Full-New-York-Times-Innovation-Report
5 https://www.nytimes.com/2021/02/04/business/media/new-york-times-earnings.html

eran hace una década. "También merece la pena señalar que el 36 por ciento responde "no sé", lo cual vuelve a resaltar que las finanzas de los medios privados no son una prioridad para muchas personas ajenas al sector", considera el documento[6].

El informe del Instituto Reuters solo investigó esta percepción en Norteamérica, Europa y la región de Asia-Pacífico. Sin embargo, las audiencias en Latinoamérica tampoco parecen estar demasiado interesadas o preocupadas por la situación económica de los medios. En 2020, el grupo Luminate, una de las organizaciones filantrópicas que suelen invertir dinero en medios de Latinoamérica, comisionó una investigación sobre consumo y pago de noticias en la región. El objetivo era identificar oportunidades y desafíos de los modelos de pago de parte de la audiencia en cuatro mercados: Argentina, Brasil, Colombia y México.

En los resultados de la investigación, surgió que el 13 por ciento de los consumidores encuestados pagaba por lo menos por una suscripción o servicio de noticias[7]. "Aunque a primera vista son modestas, estas cifras muestran que la predisposición a pagar por noticias digitales entre los consumidores es mayor que en algunos otros países, incluidos mercados establecidos como el Reino Unido (8 por ciento) y Alemania (10 por ciento) y no está muy lejos de los Estados Unidos (20 por ciento)", mostró Luminate.

Pero el mismo informe también enciende una alarma para la búsqueda de sostenibilidad económica: "En un contexto de abundancia de información accesible y gratuita, los medios digitales no logran transmitir a la audiencia sus diferenciales y su relevancia. La gratuidad se concibe como un beneficio implícito del contenido digital, devenido en derecho adquirido".

---

6 https://reutersinstitute.politics.ox.ac.uk/es/digital-news-report/2021/que-piensa-la-gente-sobre-la-financiacion-de-los-medios-comerciales

7 https://luminategroup.com/storage/985/Reporte-Consumo-y-Pago-de-Noticias-Digitales-Regional-%28ES%29---Luminate-2020.pdf

Pagar por la información

El objetivo de lograr que la audiencia pague por el trabajo periodístico implica, antes que nada, convencerla de que el contenido tiene un valor para ella. Esa tarea requiere, sobre todo, un cambio de mentalidad de parte de los medios de comunicación que debe manifestarse de dos formas.

La primera, con un trabajo para conocer a quienes integran esa audiencia, para saber qué motivaría a esas personas a apoyar con dinero a una empresa periodística. Las fuentes de ingresos no vienen solas, no crecen en la naturaleza. Tanto para diversificar los modos en los que entra dinero a un medio como para aumentar la cantidad de esas fuentes, es necesario comunicar correctamente el valor que tiene la organización. Sin valor, quién pagaría por sus productos.

Manejar un medio y tratar de encontrar un modelo sostenible implica también recurrir a técnicas que simplifiquen todas las interacciones que una persona tiene con la publicación. Un medio ahora tiene que saber sobre branding, sobre los costos de campañas de adquisición de usuarios. Una persona que crea una nueva organización tiene que aprender sobre conversión, sobre el valor de vida del cliente (CLV). Números, contabilidad, finanzas que van mucho más allá de lo que entra por publicidad y lo que cuesta imprimir un ejemplar de una revista: ¿Cuál es el CLV de la membresía? ¿Cuál es el de un sitio web? ¿Cómo sumar todo para armar proyecciones y estimar si el medio va a quebrar o no?

Eso no es todo. También hay algo de ensayo y error para encontrar la mejor forma de manipular a la audiencia: ¿Dónde va el botón en un boletín informativo para que genere mayor cantidad de clics? ¿En qué lugar tiene que ir para lograr más suscripciones? ¿A qué hora hay que enviarlo para que más lectores lo abran y lo lean? ¿Cuántas opciones de planes de suscripción hay que ofrecer para persuadir a una persona de darse de alta?

Los métodos tal vez más fríos y calculadores para lograrlo vienen de la mano del marketing y del e-commerce. Pero también existen estrategias centradas en la interacción: un periodismo participativo que busca incorporar las opiniones y las perspectivas de las audiencias dentro de las propias coberturas o de los análisis para tomar decisiones en cuanto a productos o proyectos.

Esto es porque la segunda forma en la que se manifiesta este cambio de mentalidad que prioriza a la audiencia es la inclusión. Un medio que pretende cobrar por lo que produce necesita reflejar en su contenido –e incorporar en su propia organización– a aquellos sectores a los que dice servir. Una organización que pretende que su público le brinde un apoyo económico no puede ser excluyente. La idea de inclusión es inherente a la de sostenibilidad.

En el vuelco hacia la audiencia hay, sobre todo, un componente social. Los medios que mejor lo logran son los que entienden que para llegar a sus audiencias no solo hay que analizar e interpretar datos. También hay que hablar con ellas. El *Wall Street Journal*, tercero en número de suscripciones a nivel mundial, tiene un equipo dedicado a interactuar y promover la creación de una comunidad en su propia plataforma. Pero no hace falta ser un diario radicado en la Gran Manzana para poder mostrar empatía. El reconocimiento de que el que lee la información es otro ser humano y no un apenas número en Google Analytics es el verdadero pilar de una estrategia que priorice al público.

Combinadas, estas dos formas permiten a los medios conocer a sus audiencias de manera tal de poder servirlas de la mejor manera y fortalecen los lazos entre las organizaciones y quienes las siguen. Idealmente, claro. Y es tal vez en este punto en el que pueda forjarse una nueva relación con quienes manejan la publicidad.

Porque lo cierto es que la publicidad todavía no desapareció del todo de los medios. Bien lo saben los principales medios de Latinoamérica, que tienen a la publicidad gubernamental como una fuente primordial de ingresos. Incluso con 7,5 millones de suscripciones, el New York Times todavía retiene la publicidad privada como una de sus fuentes de ingresos, aunque no le sume tanto como los pagos de la audiencia.

La tiranía del *clickbait*

En estos años, los medios se esforzaron por generar algunos espacios de contenido patrocinado, una forma de burlar los bloqueos de anuncios que se volvieron cada vez más populares al navegar por Internet. Es un escenario comprensible. Hay páginas que solo existen por la cantidad de *ads* que tienen. Tal vez crean que es una forma de ganarle al sistema actual: no venden anuncios, pero se conforman con los espacios de publicidad programática, automatizada. Esto, además de brindar una experiencia de usuario muchas veces incómoda, condena al medio a vivir del estilo *clickbait*, a intentar atrapar lectores de forma engañosa o con contenido de baja calidad. Es decir, queda muy lejos de lo que se entiende por sostenibilidad.

También aparecieron nuevas formas de entender el diálogo entre medios y anunciantes. Con la explosión de los boletines y los *podcasts*, el periodismo encontró en esos formatos una oportunidad de negocio. Por ejemplo, los correos de Axios, en Estados Unidos, son gratuitos para quienes se suscriben y la empresa no tiene planes de volverlos exclusivos. Son boletines muy simples: notas cortas con información que muchas veces está presentada en viñetas; todo lo que la persona que lo abre tiene que saber sobre un tema para sentirse más preparada. Axios apunta a un público ejecutivo, profesional. Sus anunciantes lo saben y pautan en cada boletín. Ahí aparecen los logos de empresas tecnológicas o de bancos con presencia en Wall Street. Y el medio no solo no para de crecer, también tiene planes para comprar otros.

A la publicidad, los medios pueden ofrecerle una relación distinta con sus audiencias. Ya no solo son un vehículo para publicar un aviso, para mostrar un producto ante las masas. En el fondo, los que logran entablar un vínculo cercano con sus audiencias, podrían aparecer casi como un espacio de recomendación. Pero si de eso se trata, esta nueva relación posible entre medios y publicidad solo puede prosperar si la segunda también entiende que implica una comunicación sostenible en el siglo XXI. Tiene que preguntarse si todas las miradas también están incluidas en sus mensajes y a quiénes está representando. Tiene que ver a quiénes está incluyendo y a quiénes todavía está dejando afuera. Es probable que la publicidad continúe priorizando las plataformas tecnológicas y que el periodismo siga buscando su supervivencia en otros modelos. Pero si todavía quedan puntos en común y posibles beneficios mutuos, este aspecto no puede quedar fuera de la discusión.

CAPÍTULO 6

Engagement (y cultura) end-to-end

Por Mariano Moro y Fabián Jalife

Mariano Moro es senior Global Director End-to-End Experience Strategy en Coca-Cola. Inició su carrera en la agencia de publicidad Saatchi & Saatchi y luego lideró la dirección de medios para la agencia de publicidad DDB Argentina. Más tarde participó de la fundación de la agencia de medios OMD Argentina, la primera Central de Medios del Grupo Omnicom. Hace 16 años se incorporó a The Coca-Cola Company como Director de Medios regional y en los últimos años, estuvo a cargo de varios puestos regionales que incluyen proyectos de Medios, Interactivos, Activos de Marketing y Comunicaciones Integradas de Marketing.
Fabián Jalife es psicólogo, sociólogo y actual director general de Contenidos en BMC Strategic Innovation. A lo largo de su carrera profesional se ha especializado en branding, innovación estratégica, gestión del cambio cultural, human insights, design thinking & doing. Desde hace 20 años colabora en la construcción de estrategias de posicionamiento de compañías y marcas a través de estrategias de innovación elaboradas sobre human insights y apalancadas en macrotendencias.

1. ¿Por qué end-to-end?

En los entornos vinculados al marketing, la publicidad y la consultoría, comienza a ganar relevancia un concepto proveniente de los ecosistemas digitales y la comercialización online: las estrategias punta a punta o, en su versión anglosajona, *end-to-end* (E2E). ¿De qué hablamos cuando hablamos de este concepto? En términos simples, podemos pensar que el end-to-end es tener el conocimiento del camino que sigue un usuario hasta comprar un producto, contratar un servicio o cumplir algún otro objetivo. Y en base al conocimiento detallado de este camino, poder detectar cuáles son los puntos críticos de conversión y optimización del vínculo con este usuario. Desde ya, este conocimiento detallado y sistematizado del camino o *journey* del usuario es mucho más fácil de obtener y operar cuando las transacciones y el vínculo ocurren en entornos digitales, donde las mediciones son más precisas y resulta más sencillo atribuir la conversión de no usuarios a usuarios o el incremento de frecuencia a una determinada acción.

Los modelos end-to-end se ocupan, entonces, de entender qué interacciones del journey del consumidor contribuyen más y cuáles menos a la adquisición de un nuevo usuario y, en base a esta información valiosísima, poder tomar decisiones estratégicas que permitan invitar al usuario final a avanzar a lo largo del tradicional *funnel* (embudo) de compra y re-compra.

En los entornos digitales, el end-to-end suele pensarse y gestionarse en tres pasos lógicos:

1. **Adquisición/captación** (generación de tráfico) cuyos *touchpoints* centrales pueden ser PR (public relationships) y publicidad, palabras claves y búsquedas orgánicas, publicidad sponsoreada, contenido, webinars, mailings, recomendaciones, contenidos de influencers, entre otros.
2. **Conversión** (convertir tráfico en leads, y leads en clientes) cuyos *touchpoints* centrales pueden ocurrir en el *chatbot,* suscripciones (a newsletters, sampling, eventos etc), formularios de contacto, demos, llamadas de contacto, *social selling*, etc.
3. **Retroalimentación** (orientado a fidelización) que puede ocurrir en la forma *cross-selling/upselling,* llamadas de seguimiento, soporte, recepción de feedback, construcción de comunidades, entre otros.

Los conceptos de captación, conversión y retroalimentación son centrales al modelo end-to-end. Una campaña medida de manera aislada puede tener muchísimos clicks y alcance pero ¿qué rol juega en el journey del usuario? El modelo end-to-end nos invita a evaluar y considerar las piezas y elementos de una campaña holísticamente, como un sistema, entendiendo el rol de cada pieza en el negocio y el journey del usuario, más allá de su mensaje o contenido particular. Esta información es vital para la optimización permanente y para lograr campañas relevantes en términos emocionales pero también eficaces para el negocio.

La sofisticación en el manejo de tecnologías y de data también permite segmentar y caracterizar a los diferentes tipos de usuarios o *buyers*, entendiendo sus journeys y comportamientos de acuerdo a si son usuarios "al comienzo del funnel" (a captar) o al final (para nurture); permitiéndonos activar diferentes piezas y contenidos de acuerdo a su perfil.

Sin dudas, contar con la información, las herramientas y las habilidades para llevar adelante este proceso puede sonar como un escenario inalcanzable para los líderes de las compañías de consumo masivo. Es en este contexto que surgen preguntas relevantes para pensar la nueva cultura y vida digital de los negocios. ¿Cómo aplicar esta lógica y este modelo a marcas que operan en un modelo mixto –online y offline[1]? ¿Qué podemos aprender del end-to-end para trasladarlo a nuestros procesos de decisión y estrategia actuales para hacerlos más efectivos? ¿Qué cambios culturales implica operar bajo esta lógica? ¿Cómo se diferencia de los abordajes tradicionales de muchas compañías globales?

2. End-to-end en estrategias online y offline

Cuando pensamos en estrategias end-to-end para marcas y compañías que no operan online en su totalidad, es necesario introducir nuevas

1 Mix de estrategias digitales /no digitales.

herramientas y conceptos. Si el objetivo de una estrategia end-to-end es asegurar el máximo potencial y eficiencia de los recursos comunicacionales y de marketing para direccionar al usuario a lo largo del funnel de adquisición y fidelización, manteniéndolo dentro del funnel, ¿cómo pensamos ese proceso en estrategias online y offline? Para estos casos, es esencial introducir el término y la lógica de engagement. A falta de un sinónimo igualmente atractivo en español, mantendremos el término en inglés.

El término engagement apela justamente a la capacidad que tiene una marca para **mantener a la persona "enganchada" a lo largo del tiempo**. Atraída, afectada, expectante, motivada, identificada, implicada, comprometida, con la propuesta de valor/esencia de la marca. Existen múltiples definiciones del término engagement. El diccionario de Oxford posee tres entradas para este término:

a. *Being involved with somebody/something in an attempt to understand them / it. (El hecho de estar implicado con algo / alguien en un intento de entenderlo).*
b. *The process of encouraging people to be interested in the work of an organization. (El proceso de motivar a las personas a interesarse por el trabajo de una organización).*
c. *A formal agreement to get married. (Un compromiso formal de casamiento).*

En estas definiciones encontramos que la primera refiere a la idea de participación. Hay engagement, cuando la persona participa e invierte dinero, tiempo u algún otro recurso en una determinada actividad. En el segundo caso, hablamos de interés. Hay engagement cuando hay atención, foco, concentración, motivación puesta en algo. En el último caso, podríamos decir que engagement refiere a la idea de lealtad. Hay engagement cuando existe fidelidad sobre un compromiso proyectado a largo plazo.

En un esfuerzo por profundizar el término engagement y buscar un hilo conductor que sirva para operacionalizar su valor dentro del proceso end-to-end (on & off), hemos creado una definición propietaria del término engagement. En todos las definiciones previas, el engagement implica una ecuación de valor, donde se produce un intercambio. Un valor que se da y un valor que se obtiene (en forma de participación, interés, atención, beneficio, dinero etc). De este modo, definimos engagement como el proceso por el cual una marca aporta valor a una persona que la consume y a cambio, esta persona está dispuesta a realizar alguna contribución de valor directa o indirecta a dicha marca. Solo cuando se produce este intercambio de valor, estamos frente a una experiencia efectiva de engagement.

Desde nuestra perspectiva, esta concepción implica un cambio significativo y profundo en la forma en que las marcas piensan la comunicación y la activación. Porque implica que cuando una marca elabora su estrategia, no solo debe pensar en lo que le va a ofertar al consumidor o usuario (en términos de producto, marca, canal, beneficios, experiencia, comunicación etc.) sino también qué le va a pedir a cambio de ese producto o comunicación. Desde ya, para que el consumidor esté dispuesto a retornar valor de alguna forma, la marca tiene que proponerle algo significativo y relevante para él. En esto profundizaremos más adelante en este artículo.

Por ahora, invitamos a pensar que hablar en términos de engagement implica que desde el minuto uno, y especialmente en los briefs de activación y creatividad, no solo indiquemos qué nos proponemos decir/hacer sino también qué queremos obtener (ver, oír o recibir) de parte de la audiencia objetivo. ¿Qué tipo de contribución pediremos? Este retorno puede tomar varias formas: tiempo, creación de contenido, viralización, información personal y data, co-creación, participación en una comunidad, entre otros.

¿Estamos hablando de un modelo de feedback básico? Puede ser. Pero la realidad es que la mayoría de las marcas nunca le indican a sus agencias que una cierta campaña tiene que lograr, por ejemplo, que los consumidores viralicen ese contenido. Y esa simple indicación, puede implicar un cambio radical en la estrategia de creatividad. Existen marcas, por ejemplo, que otorgan recompensas a los usuarios que comparten sus mensajes (en forma de cupones, etc.). O modelos de negocio que generan optimizaciones permanentes en la experiencia en función del valor agregado por el usuario en forma de data (por ejemplo Spotify). Este ida y vuelta, entre consumidor / usuario y marca, generalmente no se produce (excepto eventualidades) si no está pensado como estrategia desde la concepción de la experiencia end-to-end.

Estamos enfocando un cambio que resulta fundamental para la evolución de las acciones de marketing y comunicación: de un connections planning (centrado en lo que la marca tiene para decir, su mensaje y el canal) a un engagement planning focalizado la persona, lo que necesita experimentar, y el intercambio constante de valor.

Volvamos, entonces, al modelo end-to-end. Pensar en términos de engagement y pensar engagement en términos incrementales, va a ser central para mantener al consumidor "enganchado" punta a punta en su experiencia de relacionamiento con la marca. Para pensar este proceso, y cómo el engagement se entrecruza con end-to-end, recuperaremos las etapas lógicas y propietarias del modelo y pensaremos cómo el engagement se articula en cada momento. Recordemos entonces estas etapas:

- Captar.
- Convertir.
- Retroalimentar.

3. Captación: Pensar y diseñar el engagement driver

Por razones de simplicidad, vamos a enfocar este capítulo en términos de captación de nuevos usuarios. O, como algunos prefieren llamarlo, reclutamiento. Nosotros preferimos llamarlo iniciación para sacarle el peso de "push" que tiene la palabra reclutar (que remite al lenguaje militar). Iniciar en cambio pretende transmitir la lógica de *pull* y remite a la noción de rituales de iniciación que son los que inauguran una relación. En nuestro modelo y nuestra lógica trabajar en engagement siempre es trabajar en el desarrollo de una relación.

El proceso que desarrollaremos también es válido para pensar el engagement de usuarios existentes pero resulta más sencillo explicarlo pensando en no usuarios de una marca. Lo primero que tenemos que pensar es el engagement driver (de nuevo, no hay traducciones simpáticas al español) del segmento de población que queremos iniciar. Tenemos que poder pensar este engagement en términos holísticos. Si bien el engagement es un término frecuentemente asociado a comunicación/activación, podemos aplicarlo en otras áreas de creación de valor. Para un caso típico, podemos desarrollar engagement en tres áreas fundamentales: producto / servicio, canal y comunicación.

Los autores de este artículo nos hemos dedicado con mayor profundidad a explorar el engagement en términos comunicacionales y, en esta área, hemos detectado que es posible categorizar las formas en que los contenidos que consumen las personas generan engagement. Es muy importante indicar que estos drivers de engagement son independientes y pre-existentes a las marcas. Los consumidores suelen "engancharse" con múltiples contenidos en los medios y muy poco con las marcas (58% consideran que los contenidos de las marcas no son relevantes[2]). Por eso, para las marcas es muy relevante y crítico entender cómo otros contenidos del ecosistema mediático generan engagement.

Podemos mencionar algunos ejemplos de estas dimensiones/vehículos (drivers): el entretenimiento, la expresión personal, la pertenencia/socialización e incluso el activismo son algunas de las búsquedas típicas de las personas en el ecosistema mediático que, como dijimos anteriormente, pre-existen a las marcas y producen el engagement

2 Havas, 2019.

con múltiples contenidos en medios tradicionales y digitales. Un usuario que no ha iniciado su vínculo con una marca podría estar dispuesto a vincularse con un contenido si la marca le provee valor en la forma de algunos de estos engagement drivers.

Muchas marcas activan estos engagement drivers de múltiples formas pero no todas lo hacen. Es decir, muchísimas campañas o piezas de comunicación no están enmarcadas en ninguno de estos drivers de engagement. Desde nuestra mirada, apalancarse en estas dimensiones/vehículos es fundamental para la creación de valor y la atracción de audiencias en el ecosistema mediático que, como todos sabemos, está superpoblado de estímulos y mensajes.

No lo hemos hecho, pero podríamos hacer exactamente este mismo ejercicio para un producto / servicio y canal, detectando cuáles son los drivers actuales de creación de valor para el consumidor. *Affordability*, sostenibilidad, funcionalidad, performance, estetización serán, muy probablemente, parte de la ecuación.

Contando con un set de drivers definido (por supuesto, flexible y optimizable), podemos priorizar cuáles son más relevantes para el segmento foco. Cómo hacerlo presenta varias preguntas y posibilidades, pero hay algunos elementos que seguramente serán parte de la respuesta:

- El análisis de los objetivos de negocio será clave para la definición de los *drivers*, pero también para la determinación del retorno de valor que le pediremos al consumidor.
- El análisis de macrofuerzas sociales y tendencias de consumo de medios, contenidos, productos y comportamientos.
- El análisis del comportamiento del target a través de mediciones digitales y la detección de puntos de dolor (pain points) relevantes con la categoría/marca. Los autores de este artículo estamos explorando formas sofisticadas y precisas de realizar una medición de los engagement drivers por target en el ecosistema digital.

- El análisis de la arquitectura y el posicionamiento de marca que aportará claridad sobre qué *drivers* se vinculan mejor con su propósito y esencia.
- El análisis de nuestra competencia, que nos indicará si nuestros competidores directos/indirectos están activando algún *driver*.
- El análisis de la ocasión que deseamos activar estratégicamente (por ejemplo, si nuestra ocasión tiene que ver con el momento en el que nuestros potenciales consumidores/usuarios comparten una película en pareja/familia, el engagement driver de entretenimiento haría mucho más sentido que otras posibilidades).

La selección de *drivers* de engagement es una etapa temprana del proceso, en tanto estas definiciones serán parte esencial del brief, condicionarán y enmarcarán la estrategia y la idea creativa y orientarán los próximos pasos del proceso.

4. Conversión: Activar el engagement en el *consumer journey*

Una vez diseñada la estrategia de captura de nuevos usuarios, tenemos que transformar esa estrategia en conversiones tangibles de no usuarios a usuarios. Para diseñar la conversión, tenemos que recurrir a otro elemento clave de una estrategia end-to-end (E2E): el *consumer journey* (o "user experience", "experiencia del consumidor" o "XP", en su abreviatura en inglés).

El consumer journey es básicamente el recorrido y los momentos que atraviesa un consumidor antes, durante y después de ponerse en contacto con nuestra propuesta. Es central conocer en profundidad ese consumer journey, e identificar con claridad sus puntos de dolor y sus momentos críticos.

Una vez identificados estos puntos críticos, podremos proponer nuestras iniciativas de engagement (a nivel comunicación, producto o servicio) pensando en que cada iniciativa debería producir engagement y direccionar al consumidor hacia el siguiente paso en su journey de consumo. Un ejemplo: si sabemos que nuestro consumidor cada viernes decide qué película va a mirar a la noche junto a su familia y que luego realiza una serie de compras para ambientar la ocasión, podríamos pensar, por ejemplo, en proponer un engagement driver vinculado al entretenimiento (por ejemplo, acceso gratuito a una suscripción de un día en alguna plataforma de contenidos) y que dicha iniciativa esté atada al próximo paso del journey o de la "experiencia del usuario" (XP): la compra. Para ello, la suscripción gratuita podría estar vinculada a la adquisición de un determinado pack "Viernes a la noche" en una app de delivery compuesto por pizza, helado y pochoclo. Podemos pensar, incluso, que esta iniciativa nos mueva inmediatamente a la próxima escena del journey y que nuestra promoción venga acompañada de un bowl anti-derrames que permita al consumidor disfrutar al máximo la película junto a su familia, amigos o pareja, relajándose con tranquilidad en el sillón, sin preocuparse por derramar sus *snacks*.

Con este ejemplo, queda en evidencia que siempre es conveniente enmarcar el consumer journey dentro de una determinada ocasión que ayude al usuario a relacionar el valor de la comunicación con el valor del producto. Trabajar *consumer journeys* de manera muy general, sin atarlos a una ocasión determinada, nos dificulta anclar la comunicación a beneficios tangibles del producto, con el riesgo de crear un relacionamiento puramente "marcario" y sin conexión con el negocio.

5. Retroalimentación: sostener el engagement

Una vez que hemos logrado que un no consumidor comience a consumir nuestro producto o servicio para una determinada ocasión, o en términos de *E2E*, cuando un lead se ha convertido en cliente, tenemos que dedicarnos a nutrir este nuevo vínculo, para que pueda sostenerse en el tiempo a largo plazo. Es aquí cuando necesitamos dejar de pensar solo en términos de ocasiones puntuales y comenzar a pensar en términos de una experiencia sustentable, que se retroalimente a sí misma para su permanente optimización.

¿Qué significa esto en términos concretos? Profundizar la estrategia definida, sostenerla en el tiempo, otorgarle millaje a través de reforzadores y recompensas para que no sea solamente una campaña puntual, rápidamente reemplazable por la siguiente iniciativa.

Hay múltiples formas de lograr este objetivo. La principal consiste en nutrir la estrategia a partir de las contribuciones que le hemos solicitado al usuario (en forma de datos, co-creación, generación de contenido, entre otros) para optimizar y enriquecer permanentemente el vínculo con la marca, produciendo un círculo virtuoso que construye versiones incrementales de la experiencia (1,5, 2,0 o 2,5).

Sin embargo, podemos mencionar otras avenidas:

- **Programas de lealtad:** La fidelización no es un concepto propietario de los sistemas bancarios y financieros. Podemos aplicar esta lógica al consumo masivo, pensando formas en que cada contacto del consumidor con nuestro producto/servicio le permita desbloquear un valor incremental y vivenciar una experiencia superadora.
- **Generación de ecosistemas:** Este concepto, que proviene del mundo de la tecnología, también puede aplicarse al mundo del consumo masivo. Apple es un gran generador de ecosistemas que colaboran a la fidelización del usuario. El apple ID es el nodo de un ecosistema que permite el acceso a múltiples plataformas, que ofrecen diferentes experiencias.
- **Creación de comunidad:** La generación de colectivos de consumidores/usuarios es otra estrategia para favorecer la repetición

y la ritualización de un comportamiento. Nike ha aplicado este método a través de sus aplicaciones y clubes de corredores. Nespresso lo ha hecho de manera exitosa a través del Club Nespresso.
- **Sistemas de suscripción:** La pandemia ha acelerado la expansión de los modelos D2C (*Direct To Consumers*[3]) de categorías muy específicas y productos de nicho a categorías de consumo masivo, a través de modelos de suscripción (por ejemplo, Nestlé, Heinz y Pepsi, desarrollaron modelos de suscripción para la entrega periódica de bebidas, snacks o productos lácteos).

Estas son tan solo algunas de las avenidas en las que puede pensarse la sostenibilidad de un comportamiento, logrando que se proyecte en el tiempo. La clave en cualquier caso está en pensar cómo los esfuerzos realizados en los pasos anteriores no se limitan a una iniciativa aislada sino que se sostienen en el tiempo. Desde ya, no todas las iniciativas de una marca implicarán este nivel de sostenibilidad. Una promoción puntual o una acción por calendario quizás no ameriten atravesar todas estas etapas. Pero es oportuno elaborar procesos más estratégicos para las marcas en términos de una experiencia end-to-end (*no limitada a una campaña puntual*), donde el final (end) de una iniciativa sea el puntapié para la siguiente instancia de generación de valor.

6. Reglas de éxito

En nuestra experiencia, la implementación exitosa del proceso relatado hasta aquí requiere de algunas reglas básicas:

- **Organización en red:** El proceso de E2E y engagement requiere del funcionamiento y esfuerzo coordinado de las diferentes áreas de la compañía (insights, marketing, comercial y

3 Sistemas de compra online, con entrega directa al consumidor, sin intermediarios.

activos) en las instancias claves para asegurar la consistencia y sostenibilidad del proceso.

- **Digitalización:** La digitalización de ciertos puntos del journey del consumidor resulta clave en un proceso E2E. La digitalización facilita la detección de los momentos de conversión efectiva, la comprensión de los modelos de atribución y la optimización permanente del proceso.
- **Data collection:** En relación al último punto, es muy importante definir en qué instancias del journey podemos relevar data del consumidor, qué data necesitamos, para qué y cómo procesarla y utilizarla para facilitar y fomentar la ritualización del vínculo marca-consumidor y medir su saludabilidad, entendiendo y anticipando cuándo es necesario intervenir para renovarlo. Esto debe ocurrir, desde ya, desde una perspectiva de ejecución responsable de la data, respetando la privacidad del usuario, y utilizando información pública o que él decida contribuir a la marca (*first-party-data*) para la optimización de la experiencia, en beneficio mutuo.

Como conclusión, engagement end-to-end es la formulación que va a asegurarnos que estamos construyendo vínculos sostenibles para el negocio, apalancados en el intercambio de valor entre marca y usuarios/consumidores. Es en otras palabras, poner el relacionamiento marca-usuario en el centro de nuestros esfuerzos de marketing a lo largo de toda la experiencia (o el journey) de manera que captación, conversión y retroalimentación se potencien de forma consistente y puedan mantener un círculo virtuoso y responsable a lo largo del tiempo.

CAPÍTULO 7

La marca digital como lugar

Por ERNEST RIBA

Ernest Riba es Chief Strategy Officer para Latinoamérica en Wunderman Thompson y antes se desempeñó como director general de HOY/Havas Creative en Argentina. Con casi 20 años de experiencia de consultoría estratégica, Ernest investiga la economía política de las tecnologías digitales y el diseño de nuevos ecosistemas de marketing.

Sube y pasea sobre los muros de Uruk-el-Redil. Mira sus cimientos. Considera su estructura. ¿No son acaso cocidos sus ladrillos?

La Epopeya de Gilgamesh, Tabla XI

La historia comienza con la presentación de Gilgamesh, un ser dos tercios Dios, un tercio humano que reina en la ciudad sumeria de Uruk. Es el personaje principal de "La Epopeya de Gilgamesh", un poema acadio sobre la mortalidad probablemente inspirado en un rey babilónico alrededor del 2800 a 2500 a.C., al que los dioses le concedieron varios dones como la belleza, el coraje y la fortaleza. Con este último atributo construyó las grandes murallas almenadas que rodeaban la ciudad-estado de Uruk, considerada hoy la ciudad más antigua del mundo.

Gilgamesh perderá a lo largo de la epopeya el favor de los dioses y descubrirá los límites de la humanidad. Pero quedarán para el recuerdo tanto sus andanzas como las murallas de Uruk, una inmensa fortificación que debía servir para defender la ciudad de las bestias, tribus o clanes bárbaros, estableciendo límites entre la civilización de la ciudad y la supuesta hostilidad del entorno.

Se cree sin embargo que, en realidad, más que una gran barrera era probablemente poco más que una celebración de la identidad de las personas que allí vivían. Resulta impensable, para defender el territorio en ese contexto histórico, que hicieran falta unas murallas de esa dimensión. Incluso Gilgamesh, en algún pasaje del poema, señala que fueron construidas "para ser vistas". Lejos de su aparente rol defensivo, eran motivo de orgullo para las personas que habitaban Uruk, un símbolo de pertenencia y una expresión de su proeza y del favor de los dioses que bendecían la ciudad.

Desde las orillas del Éufrates llega esta obsesión por poner distancia entre nosotros y los otros que legitimaría más tarde el saqueo colonial y la explotación del planeta hasta el día de hoy. Pero esta es otra conversación. Por ahora, y antes de volver a Uruk, podemos quedarnos con la pregunta ¿qué tiene que ver esto con la marca digital?

Viajamos ahora del nacimiento de Occidente al nacimiento del planeamiento estratégico en las agencias de publicidad. La que probablemente fue, junto con el nacimiento de la dupla creativa, una de sus mayores innovaciones modernas hasta la reciente disrupción del negocio. Pequeños grandes cambios de cuando el gran consumo dominaba los lineales y los modelos mentales que guiaron la práctica publicitaria hasta el día de hoy.

Podemos decir que la aparición del planning en las agencias supo conjugar la creatividad con las dimensiones cognitiva y simbólica de las personas, articulando la creación de valor a través de una gestión activa de la familiaridad del producto y la disposición a pagar por él. Así creció la práctica del planning de marcas, capitalizando la tendencia del cerebro humano a organizarse a partir de etiquetas y abrazando una idea kantiana de que la percepción es la única forma que tenemos de mediar con el mundo. La estrategia marcaria emergió así como la gestión empresarial de este intangible que rodea a todo lo que hace una compañía, alterando su valor actual o potencial en el mercado. Esta es una perspectiva dominante y acelerada en los últimos años de la mano de las instituciones financieras, que aprendieron a valorar este activo intangible que llamamos marca. Aunque, a la hora de la verdad y tal cual como sucede con el software, estas instituciones solo se muestran interesadas cuando hay una adquisición de por medio.

No sorprende que esta forma de pensar las marcas sea la propia de la edad de oro del consumo masivo, afín a un modelo oligopólico de experiencia muy homogénea y con pocas diferencias entre productos, lo que convertía a la percepción en una de las palancas clave en la gestión de sus economías de escala. Eso sí, aunque con sus limitaciones, las coordenadas del modelo siguen tan vigentes como el primer día y hablar de estrategia seguirá siendo hablar de creación y captura de valor; de disponibilidad a pagar, de escala y contracción de costos. Aunque cambie el contexto, o especialmente ante su transformación acelerada.

Volvamos por un momento de nuevo a Uruk. Contaba que las murallas no se habían construido para defenderse sino que principalmente fueron levantadas para ser vistas. Podríamos decir que las murallas eran la marca de Uruk, rodeando la ciudad, haciéndola más visible y memorable, convirtiéndola en el motivo de orgullo de su ciudadanía.

Pero claro, las murallas no pueden ser solo significado porque se podían recorrer. En las propias palabras del poema, se podía subir y pasear sobre sus muros. Eran símbolo de pertenencia pero también infraestructura al mismo tiempo. ¿Sucede esto también las marcas? En las últimas décadas, el modelo marcario tradicional ha enfatizado su dimensión intangible –el valor de una marca– pero a menudo ha olvidado que la expansión del gran consumo fue también consecuencia de una profunda transformación tecnológica, vinculada a una serie de desarrollos clave como fueron la masificación en distintas olas de los medios de comunicación y distribución.

En otras palabras, no podrían haber existido las marcas como las entendemos sin las infraestructuras que acompañaron la expansión del modelo capitalista del siglo XX, como la radio, los medios gráficos, la televisión, el supermercado o el híper. Esta dimensión tangible de la marca fue sin embargo desapareciendo de la escena y literatura marcarias. Sea porque la propiedad de los medios o de la distribución no estaba en manos de los grandes fabricantes o simplemente porque la cosmovisión católica da un peso superior a lo intangible, la infraestructura quedó como algo dado fuera del alcance de la publicidad. O peor, en muchas organizaciones y universidades, fue considerado como algo propio de un marketing especializado de segunda calidad, cual trade marketing o marketing directo. Disciplinas con una relación más dialógica con la tecnología, que las haría, más tarde, afines a las transformaciones que estaban por venir.

Así llegamos a una cima de una planificación marcaria tradicional que paradójicamente creció simulando marcas con forma arquitectónica cual templos, casas o pirámides, cuando gustaba de mirar principalmente al mundo de lo intangible, ambicionando en realidad colonizar lo que vino a llamarse "los imperios de la mente".

Creo que es de consenso señalar a *How Brands Grow,* del autor Byron Sharp, como uno de los libros más influyentes del branding contemporáneo. Aunque también con un punto de vista muy pegado al gran consumo, una de sus mayores contribuciones fue unir lo que nunca debería haberse separado: significado e infraestructura. Entre otras cuestiones, Byron señala la disponibilidad como uno de los principales roles de una marca y describe dos formas entrelazadas de gestionarla para el crecimiento: disponibilidad mental y disponibilidad física. En el mundo del gran consumo esto sería el control de medios de comunicación vía *share of voice* y de la distribución vía *share of shelf.* En otras industrias, disponibilidad física por ejemplo vía metros cuadrados, accesos, parque instalado o asientos relativos.

En resumen, la realidad de las marcas siempre fue también infraestructural. Pero en las agencias no le dimos mucha atención a esa dimensión en tanto que quedó como parte de un paisaje estable, dado, o cuanto menos, responsabilidad de otras personas. Por eso las murallas de Uruk son una buena analogía para reconstituir la gestión de marca, reencontrando de nuevo sus estaturas mental y física, y reivindicando el poder estratégico de la existencia tangible del propio producto o su red de distribución en el mundo. Reconociendo ambas dimensiones entrecruzadas, de tal manera que los cambios en cualquiera de las dos impactan y redundan en cambios significativos para la otra.

Procesos de digitalización

Nos quedó en el aire la pregunta por la marca digital. Si abrazamos la idea de que siempre han sido tangibles y que debemos gestionar su crecimiento también a través de la infraestructura, nos podemos preguntar: ¿qué cambia entonces ahora que los procesos de digitalización colonizan todos y cada uno de los aspectos de la sociedad? ¿Cómo cambia la práctica estratégica alrededor de las marcas, cuando su dimensión tecnológica está en un proceso acelerado de transformación?

Hay ciertas particularidades de la ecología digital que se han convertido en vectores para el diseño e intervención de nuevos ecosistemas de valor: atributos como su naturaleza personal, abierta, flexible y su alcance global ilimitado –aunque podemos discutir las brechas digitales o el impacto de los desechos digitales en un mundo sí limitado. O bien su trazabilidad es afín a la optimización y la transparencia. Hace un tiempo habríamos sumado también su tendencia a la descentralización y desintermediación, pero me temo que hacerlo hoy sería casi de mal gusto considerando la ubicuidad de varias corporaciones en la red (veremos en los próximos años si las *blockchains* nos devuelven parte de esa Internet).

Como adelantaba, soy de la opinión que desde una perspectiva de negocio las guías estratégicas siguen siendo las clásicas. Y en base a ellas hemos visto en las últimas décadas grandes disrupciones con la introducción o intensificación de tecnologías digitales en cada industria, que han impactado en las cadenas de valor y redefinieron productos y servicios así como procesos y formas de organización, producción y distribución. Incluida también, claro, toda forma de relación con sus públicos a través de las tecnologías de marketing.

Pero volvamos de nuevo por un momento a Uruk. Creo que, en cualquier práctica, el uso –activo o pasivo– de un marco mental adecuado es clave porque nos habilita un mundo de posibilidades y establece finalmente un marco de acción. Las murallas de Uruk, por ejemplo, ayudan a recordar que una marca también es infraestructura al condensar en sus ladrillos el orgullo de la ciudad. Pero si contrastamos esa forma de construcción monumental con las dinámicas de las tecnologías digitales, estaremos de acuerdo en que resulta cuanto menos poco significativa.

Puestos a buscar una mejor analogía, el Manifesto Cluetrain proponía hace más de 20 años la conversación como idea para articular el potencial comercial que Internet traía como nuevo sistema de valor. En ese momento señalaba cómo Internet articula un diálogo uno a uno que hacía necesario un cambio de perspectiva hacia una escala personal. En este énfasis podemos leer un momento histórico en el que hacía falta reivindicar el factor humano ante la fiebre tecnológica y la arrogancia de las compañías de e-commerce antes del estallido de la burbuja.com. Pero aún así, sus autores no se quedaban solamente en la idea de conversación y en la introducción Cristopher Locke señalaba también cómo "*the new marketplace is not necessarily a market at all. To its inhabitants, it is primarily a place in which all participants are audience to each other*" (El nuevo mercado no es necesariamente un mercado en absoluto. Para sus habitantes, es principalmente un lugar en el que todos los participantes se escuchan entre sí). Pese a su enfoque transaccional, identificaba finalmente estos espacios digitalizados de participación como un lugar, un lugar de encuentro para todas las personas.

Considero que los cambios que están impulsando las nuevas tecnologías requieren de un nuevo marco mental que haga justicia, al mismo tiempo, a su complejidad técnica, a las nuevas dinámicas culturales y a la transición de valores. Por eso tomo la idea de lugar y propongo usar la ciudad como analogía para pensar y practicar la estrategia digital. Con sus barrios, escuelas, parques, con sus avenidas, cableados o cloacas. Pero sobre todo y antes que nada, con su amplitud y multiplicidad de gente y usos cotidianos.

Definir el rol en la ciudad

Esta metaciudad se despliega para mí en tres vertientes que funcionan como guía para entender el impacto de las tecnologías digitales en las nociones y prácticas estratégicas. En primer lugar, como espacio vivido a cultivar para que sea habitable y sostenible para todo perfil de personas. En segundo lugar, como espacio fragmentario que permite conectar a comunidades casi ilimitadas a una escala casi global. Y por último, como espacio que crece y se despliega continuamente en una tensión desordenada entre las personas que lo gestionan y las que lo recorren cotidianamente.

Enfocada desde las ciudades, la estrategia digital nos invita a aprender de la planificación urbana y conectar con la visión y práctica de programas como el Placemaking, de Project for Public Spaces, que ya desde mediados de los 90 reivindica la importancia de los barrios e impulsa ciudades más habitables. Por ejemplo:

- Caminar la calle e involucrar a las personas en el diseño y la planificación del espacio donde vivirán.
- Estimular los vínculos entre los distintos agentes y personas que habitan el espacio.
- Apostar por usos múltiples abrazando prácticas de inclusión y accesibilidad.
- Entender los desplazamientos y misiones desde una perspectiva holística.

- Estimular experiencias de vida enmarcando los espacios de forma histórica, simbólica y funcional.
- Encarar el proceso creativo entendiendo las posibilidades que da el entorno, la infraestructura y las limitaciones de presupuesto desde el inicio.
- Respetar el anonimato cuando así sus habitantes lo desean.
- Alimentar el poder colectivo con sus contradicciones para la toma de decisiones.

Todas son líneas de trabajo que podemos traer a la vida cotidiana de la planificación estratégica de marcas. Por eso propongo pensar a las marcas como agentes participantes de esta gran ciudad y gestoras a la vez de pequeños lugares –a veces pequeños barrios, a veces simplemente una calle o una esquina– y abrazar sin miedo su complejidad, sociabilidad e infraestructura. Las marcas como lugares para dejar atrás ideas platónicas de marca que escondían, detrás de murallas catódicas, a las personas y procesos reales de las compañías.

Claro que la idea de ciudad, aquí en forma de metaverso, no hay solo una. No pretendo asimilar todas las formas urbanas, periurbanas o rurales en un mismo plano, o borrar las diferencias intrabarriales, donde conviven personas y grupos con intereses disímiles y a menudo contradictorios. Tampoco sugerir la privatización como un camino deseable como ocurre ya en muchas geografías, incluyendo varios proyectos liderados por grandes marcas globales. Es todo lo contrario, pensar a las marcas desde lo urbano nos tiene que ayudar a encontrar los matices entre nuestros públicos y a cultivar culturas estratégicas que salen a la calle y compiten colaborando con personas *partners*, empleadas, clientes e incluso con compañías competidoras cuando se dan las condiciones adecuadas.

Distintas imágenes urbanas nos pueden ayudar a realizar esta transición hacia un modelo mental más adecuado para la estrategia de marca en entornos digitalizados. Pero vayamos mejor por tramos. Si somos parte de esta ciudad, ¿cuál es nuestra responsabilidad en ella? Creo que lo primero es asumir nuestro lugar como parte de un gran ecosistema y aprender a cultivar el tramo que depende directamente de nuestras acciones: nuestra propia esquina. A entender la importancia de nuestro impacto en el mundo y a mirar la creación de valor a largo plazo considerando las externalidades del negocio.

Fred Kent, uno de los impulsores del Placemaking, señala a menudo su ambición de poner "un banco en cada esquina" para favorecer la habitabilidad del espacio y la convivencia en nuestras ciudades. Igual que un banco transforma un espacio inerte en uno para la vida, necesitamos en nuestras estrategias digitales apostar por la creación de valor colectivo. Y empezar honrando lo humano al evitar actividades de marca diseñadas cual arquitectura hostil, en contra de las personas. Diseñar sin sobretipificar el comportamiento y sin castigar a quienes no siguen las directrices de consumo con formas curvas, pinchos o clavos. Seguramente nos preguntaremos: ¿cómo explicaremos en el futuro los excesos en la gestión de audiencias o los formatos publicitarios hasta el día de hoy?

Hablar de habitabilidad es por tanto abrazar las ciencias de la vida y el comportamiento y fundamentalmente crear valor mejorando la experiencia colectiva de las personas. Pero también es hablar de qué personas, es decir no solo por su valor humano y social sino también por el económico. Porque en un barrio conviven una gran diversidad de personas con múltiples interseccionalidades de género, etnicidad, capacidades, edad, sexualidad o religión. Y porque, sin pretender asimilar situaciones personales y sociales divergentes, podemos decir que todas las personas estamos en situación de discapacidad en distintos momentos de la vida. Hoy sabemos además que diseñar con mejores prácticas de accesibilidad e inclusión, contemplando las necesidades de personas con usos o limitaciones especiales, es el mejor proxy para diseñar mejores experiencias para todo el mundo. Es mejor que hacerlo para personas promedio que ni siquiera existen.

En segundo lugar, me gustaría resaltar la lógica de red que articula la convivencia online. ¿Qué es una gran ciudad sino un lugar inmejorable para favorecer el desarrollo de lugares de encuentro o comunidades de interés? La estrategia digital emerge aquí como la oportunidad de involucrarnos en el desarrollo de estos espacios *pull* comunes y transformarlos en nodos para la colaboración.

Las supermanzanas, como proyecto de nueva creación al estilo de Brasilia o para la recuperación del espacio público de proximidad popularizado por ciudades como Rotterdam o Barcelona –con el impulso reciente de su alcaldesa Ada Colau–, son una excelente analogía para articular la interacción que ocurre en las nuevas formas de colaboración y competencia. Se vuelve clave aquí saber leer el mapa de la ciudad para poder identificar la presencia (y ausencia) de flujos y lugares de encuentro relevantes. ¿Qué es lo que inspira el encuentro y cuál puede ser nuestro rol allí? En algún momento se hablaba de los puntos de pasión como grandes aglutinadores de estas comunidades –idea con cierto rebrote de la mano de las economías de la pasión y las culturas *fandom*–, pero considero que probablemente resultan demasiado pesados para ilustrar algo que a menudo es poco más que intereses compartidos. A veces comunidades apasionadas, la mayoría de las ocasiones simplemente personas en conveniencia para una determinada tarea o "*job to be done*".

Por eso tan importante como revisitar los espacios propietarios de una compañía como lugares, es saber identificar a personas (dentro o fuera de instituciones) que operan en nuestra intersección y que pueden vincular, entre otras, a emprendimientos, plataformas digitales, clientes, creadoras de contenido o asociaciones. Si somos capaces de entender sus propósitos y necesidades podemos ocuparnos de construir estos espacios comunes para el aprendizaje en conjunto y la innovación a la velocidad del ecosistema, en lugar de limitarnos a nuestros estrechos equipos, capacidades o capital de marca.

Claro que esto requiere cultivar una cultura organizacional abierta que acepte cierta pérdida de control para operar con mayor foco y dejar a terceros hacer parte del trabajo. Una vez más, la cadena de valor resulta una excelente herramienta para identificar sus actividades críticas y las transformaciones que están ocurriendo en ella para poder reperfilar continuamente el rol de una compañía. Podemos relevar por ejemplo cuánto valor está creando hoy cada agente y cuánto podríamos crear de la mano. Cuánto esperamos que capture cada una de las personas o instituciones en el futuro. O qué comportamientos esperan de nosotros, o podemos esperar de cada una de ellas.

Por último, destacaría el poder de las estrategias digitales de crear valor a partir de la tensión continua entre personas e instituciones, especialmente entre las personas que planifican un espacio y las que lo habitan y recorren cotidianamente. Jane Jacob escribía en 1961 contra la visión y práctica de urbanistas racionalistas en *The Death and Life of Great American Cities*, quienes aspiraban a ordenar la ciudad y reducir su fricción a través de una planificación simple, eficiente y estructurada –recordemos aquí los templos, casas o pirámides como artefactos racionalistas de marca. Jane creía en cambio que la densidad de población y la fricción eran precisamente parte central del valor de las ciudades y factores críticos de su experiencia a estimular.

Esta tensión entre lo planificado y lo vivido es clave para el urbanismo contemporáneo. La ejemplifican las líneas –de deseo– que vemos en los parques cuando las personas toman su camino más conveniente y no necesariamente el que alguien diseñó desde su escritorio. Una forma de aprovechar esta fricción en forma positiva es a través de lo que el urbanista Eric Reynolds describió como "*Lighter, Quicker, Cheaper*" que son intervenciones de urbanismo táctico: bajo costo, sencillas de construir y rápidas de ejecutar para producir en tiempos cortos el feedback de quienes habitan el espacio y explorar así el impacto de una visión estratégica en el espacio compartido de un barrio.

En espacios digitalizados esto se concreta a través de la densidad de usos y sus halos de datos. Y al igual que en las ciudades, la realización de experimentos, testeos e iteraciones ágiles en ciclos de construcción,-

medición y aprendizaje es la forma como podemos capitalizar la naturaleza flexible y trazable del ecosistema para la mejora incremental. Considerando además la lógica de las economías de red de las plataformas digitales –o economías de escala del lado de la demanda–, estos ciclos de mejora tienen el potencial de generar espirales expansivas de poder estratégico convirtiendo así a la acumulación y el tratamiento de datos en un recurso clave para el crecimiento.

En mi opinión, en estas imágenes urbanas podemos identificar lo que implica la transición digital de la planificación de marcas. Las murallas de Uruk eran la síntesis de una marca para la competencia corporativa basada en la innovación interna y la contracción de una oferta eficiente en un universo de distribución limitado. Pero las murallas no hacen más visible a la ciudad. Solo hacen más visibles a las propias murallas, estimulando una distancia ficticia dentro-afuera que termina desvinculando emocional y operativamente a las personas del entorno socio económico que las rodea.

La esquina o el barrio vividos condensan mejor la realidad humana, compleja y adaptativa de la planificación de marcas en espacios digitales. La creación y captura de valor basadas en el crecimiento incremental y el aprendizaje continuo. La construcción de coaliciones con el resto de agentes creadores a lo largo de la cadena de valor. Creatividad y tecnología de la mano para estimular y optimizar el efecto red.

También en Uruk, murallas adentro, ocurrían otras cosas. Cuando Gilgamesh vuelve al final de la epopeya y se acerca a la ciudad, siente de golpe una profunda admiración por sus huertos, su templo y sus muros interiores. Esta es su ciudad, su lugar. Algo debía estar pasando en la ciudad-estado mientras recorría los confines del mundo. Él no lo sabía, pero en sus bancos, calles y parques, ciudadanas y visitantes habían estado dando pie al que fue probablemente el mayor desarrollo creativo de la civilización sumeria. Uruk, igual que las marcas, era mucho más que un mito.

Bibliografía

H. Whyte, W. (1980). *The Social Life of Small Urban Spaces.* Project for Public Spaces.

Jacob, J. (1961). *The Death and Life of Great American Cities.* Vintage Books edition, Diciembre 1992.

Levine, R., Locke, C, Searls y D. Weinberg, D (2001). *Cluetrain Manifesto.* Basic Books: Edición Reprint.

Sennett, R (2019). *Construir y habitar. Ética para la ciudad.* Barcelona. Anagrama

Sharp, B. (2010). *How brands grow. What marketers don't know.* Oxford University Press.

Silva Castillo, J. (1994). *Gilgamesh o la angustia por la muerte: poema babilonio*. México. El Colegio de México.

CAPÍTULO 8

De la performance a la permanencia

Por FLORENCIA LUJANI

Florencia Lujani es directora de Estrategia y trabaja en Londres. Se desempeña en publicidad desde 2009 y comenzó su carrera en TBWA Buenos Aires; luego trabajó en TribalDDB antes de trasladarse a la filial inglesa de J. Walter Thompson (ahora WundermanThompson) y también colaboró con We Are Social, entre otras agencias. Se especializa en estrategia creativa, de marca y de negocios y está enfocada en marcas sustentables. Tiene una Maestría en Estudios Culturales de Birkbeck, University of London, y publica su newsletter Cultural Patterns sobre marcas y cambio cultural.

Al recorrer las tiendas comerciales del centro de Londres luego de la primera cuarentena por el coronavirus se pudo observar un cambio importante. El local de la marca de ropa Timberland en Carnaby Street, Soho, comunicaba en la vidriera: “La Naturaleza Necesita Héroes”. Luego, en Oxford Circus, Nike informaba a la gente que la marca está “en un camino para lograr un futuro sin emisiones de carbono y sin residuos”. Un par de cuadras después, Levi’s mostraba su nueva colección como “una nueva línea de jeans que ahorra agua, ama a los árboles y reduce desperdicios”.

Todas estas son respuestas de las marcas al cambio climático, el fenómeno que las Naciones Unidas ha llamado "el problema definitivo de nuestra época"[1].

En los países del hemisferio norte y en el Reino Unido en particular, el cambio climático se ha instalado como un tema prioritario en la sociedad debido a que se lo entiende como una problemática social y ambiental. Su enorme impacto en la economía, la cultura, la educación y el gobierno no son predicciones a futuro, sino que ya se ven en el día a día en la calle, en los hábitos de consumo, en las familias, en los medios, en la política y obviamente en los negocios. Las compañías ya pueden prever que una mayor frecuencia de fenómenos climáticos como incendios, sequías e inundaciones (como las que tuvieron lugar en Europa, América del Norte y Asia durante el último verano) impactará la vida de millones de personas y creará interrupciones en la cadena de suministro global, alterando la producción, aumentando los costos y precios, y perjudicando sus ingresos. Por ende, muchas de las estrategias de marcas y de negocios que hoy se ven en el mercado responden a los desafíos que provienen de esta nueva prioridad social que es el cambio climático. Así como la transformación digital impactó de lleno a los negocios en los últimos 20 años, y trajo consigo nuevas formas de pensar, trabajar y hacer negocios, el cambio climático traerá un nivel de disrupción de los próximos 20, 50 y 100 años que obligará a las empresas a adoptar estrategias a largo plazo.

1. De compras en un mundo en llamas

Lugo de más de una década de trabajar en agencias creativas, en Buenos Aires y en Londres se observa una lógica similar: la publicidad ayuda a los clientes a crecer, sea en ventas, en market share, en share of voice u

1 https://www.un.org/en/un75/climate-crisis-race-we-can-win

otros objetivos comerciales, porque cuando las marcas necesitan crecer, acuden a la publicidad. Crecer es prioritario, porque cuando las empresas crecen, aportan al PBI de cada país, invierten en desarrollo, crean empleo, y generan poder de consumo, lo cual permite a la gente mejorar su calidad de vida. El crecimiento es lo único que tienen en común todos los briefs publicitarios en los que he trabajado durante mi carrera, pero fue en los últimos años al trabajar con más marcas y proyectos sustentables que comencé a investigar la relación entre el crecimiento económico y el cambio climático.

La organización Our World in Data establece que hasta 1950 las emisiones de gases de invernadero y específicamente de dióxido de carbono que generan el cambio climático, eran muy bajas. En esa época se emitían alrededor de 6 mil millones de toneladas de CO_2 (dióxido de carbono) por año, pero en 1990 esta cifra se casi cuadruplicó a 22 mil millones de toneladas y en 2020 llegó a los 36 mil millones de toneladas[2], lo cual aceleró el fenómeno del cambio climático. Estas emisiones, del cual los países del hemisferio norte son responsables por el 92%[3], son consecuencia del modelo industrial que rige la economía, el cual ha enriquecido financieramente a muchas naciones en el proceso, generado grandes beneficios para muchas empresas, y mejorado la vida de millones de personas. Al mismo tiempo, el modelo industrial fomenta el crecimiento sostenido sin considerar el impacto ambiental en términos de polución, contaminación y emisión de gases de efecto invernadero. Al ignorar estas consecuencias ecológicas, se generó un contexto en el cual la ambición por el crecimiento se convirtió en el único objetivo económico y en un tótem de la sociedad.

De esta manera, las empresas se lanzaron a producir cada vez más productos y la sociedad respondió con un frenesí de consumo, y hoy el consumo representa el 60% del PBI de la mayoría de los países[4].

2 https://ourworldindata.org/co2-emissions
3 https://www.sciencedirect.com/science/article/pii/S2542519620301960
4 https://www.theglobaleconomy.com/rankings/consumption_GDP/

En los países del Norte se generó una filosofía o modo de ver el mundo donde todo parece ser abundante ya que el mercado brinda una oferta ilimitada de productos, a todos los precios, en todos los lugares, en todo momento. Todo (no solo ítems, sino también experiencias, relaciones y status social) comenzó a ser puesto en el mercado como productos que se podían comprar y consumir. Este proceso comenzó hace ocho décadas y nunca paró, de hecho se aceleró. Hoy el mercado, las redes sociales y los influencers posicionan nuevos productos como objeto de deseo cada vez con más frecuencia ignorando la explotación y destrucción de los recursos naturales que esto conlleva. Esto ya no es compatible con la realidad ecológica de nuestro planeta: la Global Footprint Network establece que si todos los habitantes del mundo consumieran tanto como un ciudadano estadounidense, se necesitarían cinco planetas Tierra para sostener a la humanidad[5].

Esta lógica de consumo está, por ejemplo, detrás del fenómeno de la marca Shein. Llamada por algunos "el TikTok del e-commerce"[6], en junio de 2021 superó a Amazon como la aplicación de compras más instalada en Estados Unidos[7], y no para de crecer en el Reino Unido. Esta marca china no es *fast fashion* sino que es *real-time fashion*, porque con su tecnología de datos puede identificar las modas al comienzo de su ciclo de popularidad, y gracias a su corto proceso de producción de tres días (el de sus competidores es tres semanas), la marca produce nuevos ítems todos los días. Luego de investigar su sitio web y redes sociales, estimo que su estrategia está basada en cuatro pilares. El primer pilar es la oferta casi ilimitada de productos para mujeres, hombres y niños, la cual es posible gracias a estos cortos tiempos de producción y a su eficiente cadena de suministro. El segundo pilar es el precio: la mayoría de las prendas cuestan entre £5 y £10, lo cual hace a Shein una marca accesible para un amplio público. Tercero, su sitio web es un hub de conte-

5 https://www.footprintnetwork.org/our-work/ecological-footprint/
6 https://www.notboring.co/p/shein-the-tiktok-of-ecommerce
7 https://techcrunch.com/2021/05/18/shein-overtakes-amazon/

nidos donde cada prenda tiene reseñas, fotos y videos con una estética impecable para los tiempos de Instagram. Todo esto está sostenido por un esqueleto principal, una estrategia de redes sociales, influencer marketing y UGC (contenido generado por los usuarios) que constantemente ofrece códigos de descuento y genera reach, engagement, visitas al sitio web donde los consumidores experimentan los tres pilares. En 2021, Shein vendió 30.000 prendas por día en el Reino Unido[8], y a nivel global, Business of Fashion reporta que la empresa ha generado U$S 10 mil de millones en ingresos y registrado un crecimiento del 100% cada año en los últimos ocho años[9].

Shein es popular porque ofrece una propuesta divertida que permite a la gente probar distintas modas, explorar su personalidad, darse un gusto y sentirse mejor (por algo está el fenómeno de *retail therapy*), pero considero que la crisis del cambio climático nos obliga a reexaminar el ciclo rápido de producción que hace a Shein posible. Hoy el ciclo rápido rige en todo el mercado, desde la electrónica, la decoración del hogar, los electrodomésticos, el mobiliario, las experiencias, entre otros. Las prendas se usan para una salida o evento social y se suelen descartar, los plásticos se usan una sola vez y terminan en la naturaleza por siglos, el nuevo teléfono que depende de mano de obra precaria tiene una mínima mejoría que la versión anterior. Todo esto que se produce y se vende con una mirada al corto plazo conlleva una realidad ambiental que requiere la destrucción de recursos naturales. Esto motivó al autor inglés Raymond Williams a decir: "Nuestro problema no es que seamos demasiado materialistas; es que no somos lo suficientemente materialistas. Desvalorizamos el mundo material con la adquisición excesiva y descarte de productos"[10]. Así es como un ciudadano viviendo en los países del Norte tiene una huella de carbono o

---

8 https://www.dailymail.co.uk/news/article-8996641/Chinese-fast-fashion-brand-sells-30-000-super-cheap-items-British-girls-day.html

9 https://businessoffashion.com/news/china/cross-border-fast-fashion-giant-shein-takes-aim-at-premium-segment

10 Raymond Williams, *Problems in Materialism and Culture: Selected Essays*. (London : Verso, 1997).

impacto ambiental 2,8x veces mayor que el de una persona viviendo en un país en vías de desarrollo[11].

El crecimiento económico a corto plazo que está en constante búsqueda de una mejor performance trimestre a trimestre o año a año depende de un proceso de explotación que destruye el medio ambiente a un ritmo devastador. Una vez que los recursos naturales se destruyen, no son reemplazados para que en el futuro estén disponibles de la misma manera, por lo cual la riqueza natural se agota con mayor rapidez, los ecosistemas están bajo más presión. Esto tiene consecuencias tangibles: el antropólogo y economista Jason Hickel establece en su libro *Less is More* (2020) que mantener el nivel de actividad económica al mismo nivel que el de hoy resultaría en un un colapso de los sistemas ecológicos en los próximos 100 años[12]. El ciclo de producción en masa y consumo optimizado para la performance que definió la era industrial que destruye todo a su paso no puede continuar sin causar una tragedia ambiental que pondrá nuestra supervivencia en jaque. Desde mi lugar como estratega, la situación es clara y trae consigo una transformación enorme: en el contexto de la crisis del cambio climático los negocios deben reemplazar la performance del corto plazo por la permanencia a largo plazo para crear negocios alineados con el impacto social y ecológico de los próximos 100 años. Esto impacta de lleno a la estrategia de negocios y de marca, y por ende a la publicidad, y trae consigo desafíos y oportunidades de innovación.

2. Los desafíos y oportunidades

En este punto el foco está puesto en tres desafíos que traerá el reemplazo de la performance a corto plazo por la permanencia a largo plazo que priorice el bienestar social y ecológico. Primero, a nivel social y cultural,

11 https://www.c40.org/researches/consumption-based-emissions

12 https://newrepublic.com/article/160692/less-is-more-degrowth-climate-change-book-review

hay que cambiar la forma en que la creatividad habla y muestra el cambio climático para que la sociedad apoye y demande más acción contra esta problemática. Segundo, la industria publicitaria debe sumergirse de lleno en este tema, lo cual le permitirá responder correctamente a los briefs en relación al cambio climático y establecerse nuevamente como partner estratégico. Finalmente, hay que innovar en la forma de crear negocios para que estos puedan ser exitosos a largo plazo sin perpetuar las prácticas dañinas que nos han llevado a esta situación.

Nuevas ideas con impacto cultural

A nivel social y cultural, las ficciones populares (las historias, la publicidad, el folklore, los dichos, las películas y los cómics, entre muchos otros) muestran a la naturaleza como una fuente abundante de recursos, lejana y salvaje. La naturaleza provee lo que necesitamos para realizar nuestro potencial, y por ende, debe ser dominada y conquistada por el ser humano, lo cual genera una separación conceptual entre la economía, la sociedad y la naturaleza como entes separados que poco tienen en común. Pero esta separación está derrumbándose cada vez más rápido y ya se empieza a ver en la publicidad.

Volvo, la marca de autos sueca que es famosa por sus altos estándares de seguridad, lanzó una publicidad titulada “La prueba de seguridad definitiva”[13], por la cual luego ganó un Cannes Lions de Plata en la categoría Film en el 2021. En el aviso, un representante de Volvo somete a un auto a distintos accidentes (un choque frontal o una caída libre) para demostrar que el sistema de seguridad es tan efectivo que las personas siempre sobreviven. En la última escena, filmada en exteriores en una zona de glaciares, el auto está a punto de caer desde una grúa a 30 metros de altura, cuando de pronto el glaciar que aparece en el fondo se desmorona. El representante de Volvo mira lo que sucede con horror,

13 https://www.youtube.com/watch?v=hTjLmHXoNNw

y aparece la leyenda "El cambio climático es la prueba de seguridad definitiva". En el sitio web, la marca explica: "Hemos dedicado nuestro negocio a ayudar a proteger la vida de las personas tanto dentro como fuera de nuestros automóviles. Ahora mostraremos la misma dedicación para ayudar a proteger el planeta."[14] El cambio del corto plazo al largo plazo no podría ser más evidente: el riesgo para Volvo no está solo en perder market share frente a otras marcas, sino en enfrentar las realidades ambientales que trae el cambio climático. Nuestra supervivencia depende exclusivamente de la supervivencia del medio ambiente, por lo cual debemos transformar nuestro rol de conquistadores y explotadores de la naturaleza en uno de protectores de la naturaleza.

Para comenzar a adoptar el pensamiento a largo plazo también necesitamos del apoyo de los consumidores. Las narrativas catastróficas que asustan o que están basadas en datos con poca relevancia en el día a día son fáciles de ignorar y avergonzar a los consumidores por sus hábitos de consumo. La oportunidad está en presentar nuevas ideas que inspiren acción para que toda la sociedad se involucre y se ejecuten de una forma accesible para que todas las audiencias vean el beneficio en adoptar formas más sustentables de vivir y consumir.

Nuevo rol para la industria publicitaria

Es bien sabido que en la última década las agencias creativas han perdido terreno contra las consultoras, quienes a su vez han comprado agencias creativas. Mientras estas se metían de lleno en el negocio de los clientes, el rol de las agencias creativas se fue achicando y comenzó a ser cada vez más regido por la performance a corto plazo. Hoy, la mentalidad a corto plazo está detrás de la constante demanda de ROI en cada etapa de las campañas y del *marketing funnel*; está en los contratos por proyectos que limitan el rol estratégico de las agencias; está en los reportes trimestre

14 https://www.volvocars.com/uk/v/sustainability/the-ultimate-safety-test

a trimestre donde todas las métricas deben crecer por más irrelevantes que sean. Pero el cambio climático trae esta problemática a largo plazo y hay una excelente oportunidad para las agencias porque son las mejores en hacer crecer a las marcas utilizando la creatividad.

Hasta ahora el impacto ecológico de las empresas estuvo mayormente fuera del alcance de la publicidad con excepción de algunas pocas marcas. Esto debe cambiar y debemos entender, por ejemplo, que 100 empresas son responsables del 71% de las emisiones globales de dióxido de carbono detrás del cambio climático[15], o que 20 empresas producen más de la mitad de todos los artículos de plástico de un solo uso que se desechan en todo el mundo[16]. Debemos también adquirir una versión más macro de los negocios, y comenzar a interiorizarnos en el impacto ambiental para saber qué pasa antes de que el producto llegue al carrito de compras virtual o a la góndola del supermercado, y qué pasa después. Hoy varias campañas ya giran alrededor de estos factores que hasta ahora eran quizás irrelevantes para las agencias y los consumidores. Por ejemplo, la cadena de restaurantes Chipotle diseñó una aplicación llamada *Real Foodprint*, que muestra el impacto ambiental de los ingredientes del menú[17]; Allbirds fue la primera marca de zapatillas en etiquetar todo su calzado con las emisiones de carbono relevantes[18] y L'Oréal está implementando un sistema de etiquetado que clasificará sus productos de la A a la E, de acuerdo con su desempeño ambiental[19]. Los nuevos briefs y campañas con grandes presupuestos van a girar alrededor de esto y las agencias estarán mejor posicionadas si son partners estratégicos y saben comunicar impacto ambiental de una manera que sea interesante para los consumidores y no caiga en el *greenwashing*.

---

15 https://www.theguardian.com/sustainable-business/2017/jul/10/100-fossil-fuel-companies-investors-responsible-71-global-emissions-cdp-study-climate-change

16 https://www.bbc.co.uk/news/science-environment-57149741

17 https://www.thrillist.com/news/nation/chipotle-real-foodprint-sustainability-tracker

18 https://www.allbirds.com/pages/sustainability

19 https://www.loreal.com/en/commitments-and-responsibilities/for-our-products/our-product-environmental-and-social-labelling/

¿Por qué cada vez más briefs girarán en torno al cambio climático? Algunas marcas (es decir, sus accionistas) quizás tengan un despertar de conciencia ética y empiecen a invertir más en esto, otras incorporarán la sustentabilidad siguiendo el ejemplo de sus competidores, pero muchas otras tendrán que reaccionar a las nuevas leyes ambientales propuestas por el gobierno. Según el Grantham Research Institute de la London School of Economics, la cantidad de leyes sobre el cambio climático se multiplicaron por 20 desde 1997[20], y hoy existen más de 2.000 leyes nacionales sobre cambio climático vigentes en todo el mundo que buscan, entre otras cosas, regular el impacto ambiental de las empresas y generar nuevos hábitos de consumo. Por ejemplo, en abril de 2021, el Reino Unido consagró como ley un nuevo objetivo para reducir las emisiones de dióxido de carbono en un 78% antes del 2035[21], con un fuerte foco en la industria de aviación y transporte. Esta fue una posición de liderazgo mundial, y ahora que la ley está en efecto, las empresas tienen que trabajar para cumplir esos objetivos, y se espera que esto tenga varias consecuencias en el mercado. Puede que las vacaciones en el extranjero se vuelvan más caras, por lo cual aerolíneas de bajo costo como EasyJet o RyanAir (que han construido sus marcas alrededor de sus vuelos a precios bajos) tengan que repensar su negocio y estrategia de comunicación. Puede que los alimentos producidos localmente sean más baratos que los importados, por lo cual las marcas locales con fuerte impronta nacional se vean beneficiadas y puedan crecer aún más gracias a la preferencia de los consumidores. Otra ley del Reino Unido prohibió la venta de autos a gasolina y/o diesel a partir del 2030, por lo cual todas las marcas ya están invirtiendo en distintas campañas para aumentar la adopción de vehículos eléctricos. Esta nueva legislación abre muchas oportunidades para las agencias, y las que entiendan las complejidades del cambio climático a fondo tendrán una ventaja competitiva frente a otras.

---

20 https://www.carbonbrief.org/mapped-climate-change-laws-around-world

21 https://www.gov.uk/government/news/uk-enshrines-new-target-in-law-to-slash-emissions-by-78-by-2035

Nuevas ideas de negocios

Finalmente, muchas empresas y startups ya están innovando con nuevas formas de pensar los negocios para priorizar la permanencia y no perpetuar los errores que nos llevaron a esta crisis ambiental. En el Reino Unido se está implementando la "teoría de la dona", desarrollada por Kate Raworth, economista de la Universidad de Oxford y autora del libro *Economía de la dona*.

Esta visión entiende que los negocios y la naturaleza no son esferas separadas, sino que son interdependientes y por lo tanto tienen que funcionar en un balance que genere prosperidad y no destrucción. Este balance se alcanza cuando la actividad económica solo explota los recursos naturales hasta determinado punto que asegure no desestabilizar la biosfera y además, las empresas también regeneran esos recursos naturales para aportar a la restauración del medio ambiente. Así se crea una actividad económica que genera prosperidad para la sociedad sin arruinar la naturaleza. Esto significa que los negocios deben ampliar su razón de ser para que el propósito no sea solamente *extraer* valor del medio ambiente, sino que también *generen* valor a la sociedad y la naturaleza. La propuesta de Raworth propone cambiar la pregunta que dispara las ideas de negocio. Hoy en día, esta pregunta es "¿Cuánto valor financiero se puede *extraer*?", pero frente a la crisis climática, la pregunta que sirva como disparador de nuevas ideas de negocios tiene que cambiar a "¿Cuántos otros beneficios para la sociedad y el medio ambiente puede *generar* este negocio?"[22].

La primera pregunta representa la forma tradicional de conducir negocios y es la que describía anteriormente. Su lógica es *extractiva*, ya que las empresas extraen valor al destruir los recursos naturales para producir sus productos. Las empresas adoptan estas prácticas porque generan rentabilidad y esto satisface a los accionistas, quienes siempre demandan retornos a corto plazo. En cambio, la segunda pregunta

---

22 https://www.weforum.org/agenda/2018/01/how-to-do-business-with-doughnuts/

es *regenerativa*, porque considera a las empresas como un eslabón clave de prosperidad que gracias a su poder económico e influencia, pueden tener un impacto positivo en el medio ambiente y la sociedad. Propone desarrollar estrategias de negocio basadas en el diseño regenerativo, donde los recursos naturales son administrados correctamente y son reemplazados para asegurarse que puedan estar allí para las próximas generaciones, por ejemplo a través de la economía circular. Además, los negocios regenerativos dejan de perseguir el crecimiento económico infinito como único objetivo y adoptan distintas definiciones de éxito que corresponden con el bienestar de las personas y el medio ambiente.

Esta nueva filosofía de negocios beneficia a los negocios digitales. Para las empresas grandes nacidas hace décadas, cambiar la pregunta en el corazón del negocio será muy difícil, porque estructuralmente seguirán respondiendo a las demandas de crecimiento a corto plazo del modelo tradicional. No es imposible; por ejemplo, Nike y Levi's están embarcándose en ese camino con objetivos específicos para reducir su impacto ambiental, pero muchas otras empresas puede que se sumen solo desde el lado de la comunicación y sus esfuerzos podrán ser vistos como *greenwashing*. En cambio, esta nueva forma de ver los negocios presenta un terreno fértil para startups y negocios digitales, que ya tienen en sus genes la innovación y deberían ver en esto la posibilidad de desafiar a las empresas grandes con nuevas estrategias. Todo esto, sumado a las oportunidades que brinda el ecosistema digital, presenta un contexto único.

3. Casos de éxito para la economía, la sociedad, y el planeta

Muchísimas empresas están adoptando modelos de negocios regenerativos con mucho éxito. Aquí comparto algunos que ponen esta lógica en acción.

En la industria financiera, la startup de fintech Tred está innovando con la primera tarjeta de débito del Reino Unido con impacto positivo en el medio ambiente, que busca ayudar a las personas a tomar mejores decisiones de consumo. A través de la aplicación, los usuarios pueden rastrear, reducir y compensar su huella de carbono de sus compras diarias como el café, el transporte público o gastos de teléfono. La empresa adoptó la lógica regenerativa de varias maneras: las tarjetas están hechas de plástico encontrado en los océanos, las ganancias se utilizan para plantar árboles, y ya anunció que agregará programas de recompensa y beneficios centrados en el espíritu social y ecológico de su misión. Esto presenta un contraste importante con el resto de la industria financiera, por ejemplo el banco inglés Barclays es el mayor financiador e inversor de toda Europa de la industria mundial del carbón y recursos no renovables[23]. También puedo mencionar a Clim8, una plataforma online de inversiones que ayuda a sus usuarios a invertir en una cartera de empresas sustentables que cotizan en bolsa, para así mover miles de millones de libras de inversiones que hoy están en industrias contaminantes hacia empresas con impacto positivo.

En la industria de la moda, hay todo tipo de iniciativas regenerativas que vienen de grandes marcas como la plataforma de e-commerce Depop, como también de nuevas aplicaciones y servicios digitales. Si antes mencionaba el caso de Shein, la marca china de real-time fashion con una impronta de carbono altísima, Depop ha surgido como su antítesis. Este e-commerce fundado en 2011 en Milán, es un mercado digital de reventa de moda vintage y streetwear muy parecido a Instagram, que ofrece la experiencia de comprar en tiendas de segunda mano en el mundo digital. Está basada en la economía circular y se describe como el "mercado móvil de la comunidad creativa", con una estética joven donde los usuarios pueden crear sus propias tiendas, acumular seguidores en

23 https://www.bigissue.com/latest/environment/barclays-shareholders-refuse-to-phase-out-fossil-fuels

sus perfiles, y convertirse en influencers de Depop. La empresa no solo neutraliza sus emisiones de carbono sino que también adopta la lógica regenerativa al brindar soporte económico y educativo a emprendedores y creativos de minorías para que crezcan sus negocios de manera sustentable y contribuyan a hacer la industria más diversa e inclusiva. La empresa se convirtió en el 2021 en la primera startup unicornio de Italia cuando Etsy la compró por $1,6 miles de millones de dólares[24].

En la industria alimenticia, ODDBOX es un servicio de suscripción digital de frutas y verduras que aborda la problemática del desperdicio de alimentos. En el Reino Unido, casi el 40% de las frutas y verduras son descartadas por su aspecto y nunca llegan a las góndolas[25]. Esto significa que frutas y verduras que están frescas, pero que cumplen los estándares estéticos de los supermercados, se quedan atrás. ODDBOX rescata las frutas y verduras y las venden a precios especiales, lo cual reduce el desperdicio de alimentos, ahorra emisiones de carbón y gasto de agua. Además, es un negocio regenerativo en el que todos los sobrantes se donan a instituciones benéficas y bancos de alimentos locales, apoyando a las comunidades locales y a disminuir la crisis alimentaria.

En los productos para el hogar, hay varias marcas regenerativas exitosas. Ecover, la marca de detergente ecológico y natural, inauguró un fondo llamado "Fertilizamos el Futuro" en el cual otorga £ 500.000 a distintas organizaciones que trabajan para proteger y restablecer ecosistemas terrestres y marinos. La marca "Who gives a crap" se describe a sí misma como "la marca de papel higiénico que construye baños sanitarios" ya que además de ofrecer un producto que rompe con las reglas de la categoría, dona el 50% de sus ganancias a WaterAid para subvencionar la construcción de baños en todo el mundo.

Además, las agencias creativas pueden aplicar la lógica regenerativa de muchas maneras. Pueden hacerlo a la hora de establecer objetivos y

24 https://www.nytimes.com/2021/06/02/business/etsy-depop.html
25 https://www.oddbox.co.uk/about

métricas de éxito para una campaña, a fin de incluir otros objetivos sociales y ambientales. También pueden incorporarla al brief creativo, para que todas las campañas requieran un elemento de bienestar al medio ambiente y la sociedad y se puedan desarrollar ideas que además de vender, tengan un efecto secundario positivo. Pueden hacerlo al planificar la campaña de medios, y por ejemplo, en el Reino Unido, el Instituto de Profesionales de la Publicidad (IPA, por sus siglas en inglés) creó un Consorcio de Agencias por el Cambio Climático, del cual soy parte, que brinda herramientas online para que las agencias puedan calcular la huella de carbono de su presupuesto de medios, que representan £23.600 millones de libras esterlinas invertidas en publicidad cada año[26].

Los negocios regenerativos presentan muchas oportunidades de innovación y de éxito que, además, están acompañadas por un impacto positivo en la sociedad y en el planeta. Con tantas posibilidades, ¿quién querría perpetuar el *statu quo* de los negocios?

Las claves para el futuro

Considero que estas son las cinco claves para que la industria de la publicidad cumpla un rol en reemplazar la performance de corto plazo por la permanencia a largo plazo:

- Involucrarse en los negocios como partner estratégico de las empresas para ayudarlas a utilizar su enorme influencia a nivel social, cultural y económico a futuro.
- Adoptar nuevos objetivos comerciales y definiciones de éxito que incluyan el impacto social y ecológico de los negocios.
- Desarrollar ideas creativas y negocios que sean regenerativos, y que generen efectos secundarios positivos.
- Utilizar la influencia de la publicidad en la cultura popular para concientizar sobre el rol de la naturaleza en nuestra supervi-

26 https://ipamediaclimatecharter.co.uk/media-carbon-calculator/how-to-use-the-calculator/

vencia, y normalizar hábitos de consumo sustentables que energicen a las personas, los gobiernos y las empresas a actuar.
- Fomentar la participación e inclusividad, porque esta problemática necesita de la perspectiva de personas de distintas etnias, clases sociales, identificación de género y religiones, para que los beneficios para la sociedad y el medio ambiente sean recíprocos.

Este desafío requiere creatividad, talento, colaboración, inspiración, comunicación efectiva, nuevas formas de pensar, coraje, entusiasmo, innovación –todo lo que define a la industria de la publicidad.

CAPÍTULO 9

Culturas para un nuevo mundo digital

Por FERNANDO ZERBONI

Es profesor de management en la Escuela de Negocios de la Universidad de San Andrés, donde dicta clases en Programas Ejecutivos, el MBA, la Maestría en Marketing y Comunicación y la Maestría de Negocios Digitales. También lo hace en las carreras de Administración de Empresas y Negocios Digitales. Tiene más de 25 años de experiencia en Educación Ejecutiva, en Consultoría de Negocios y en Directorios de empresas. Inició su carrera ejecutiva en Marketing en empresas de consumo masivo.

En los últimos años la cultura digital tuvo su pico de atención en el momento en que muchas compañías se encontraron con serias dificultades para incorporar las nuevas tecnologías en sus modelos de negocio. Pero luego de un período de estrellato, desapareció de las conferencias magistrales de management por resultar sumamente obvio. Ya todos coincidimos en que frente al cambio de entorno hay que cambiar la cultura predominante, pero cómo hacerlo bien todavía sigue siendo una gran incógnita. El tema está lejos de resolverse pero acá dejamos unas líneas para comenzar el debate.

Primera idea: La obviedad del cambio

¿Dónde está el cambio organizacional hoy? La bonanza económica en muchos países luego del final de la guerra fría y la globalización duró treinta años. Esa etapa única nos hizo creer que, con la estabilidad en la economía y el crecimiento, el management había alcanzado un nivel de conocimiento suficiente como para conducir las empresas de una forma previsible, racional y científica. Todos coincidían en que habría que competir ferozmente, que sería necesario innovar y adaptarse, y que los decisores, léase managers, directores y accionistas, serían ayudados por expertos, economistas, consultores y académicos, y que juntos serían capaces de anticipar el futuro de los mercados y por tanto planificar el cambio y la estrategia de las empresas a largo plazo.

Claro está, el cambio era central en la agenda. ¿Pero qué tipo de cambio? Un cambio que se podía planificar, aquel basado en tendencias conocidas y medibles, con riesgos cuantificables y por sobre todo el cambio que se puede modelizar. Un cambio liderado por el top management, y por lo tanto imaginable, con procesos diseñados y resultados ya plasmados en una presentación de PowerPoint. Para ser honestos, nada de esto en la práctica es fácil de lograr y liderar, sobre todo en empresas grandes y con muchos negocios.

El management por mucho tiempo funcionó basado en conceptos y métodos rescatados del ambiente militar, la teoría económica, la ingeniería y las finanzas. Las herramientas más relevantes y fundamentales de esta etapa se pueden enumerar en: los planes estratégicos, los presupuestos, la búsqueda de mejores prácticas, el benchmark, los tableros de comando y los KPI (key performance indicator) como objetivos. Los contadores, ingenieros, financieros y economistas, expertos en manejo de cantidades concretas y el Excel pasaron a dominar los equipos y directorios de las empresas y fueron la fuente de donde reclutar los futuros CEO. Solo en épocas de crisis, que en todos los aspectos suceden, surgían los creativos, los innovadores, los expertos en conflictos con el fin de retomar la iniciativa cuando un negocio o mercado se agotaba, pero la innovación se consideraba episódica, excepcional y muy puntual.

Pero en otras disciplinas menos cercanas al management, como la historia, la biología y la geología suceden cosas distintas: estas estudian el desarrollo de las sociedades y la naturaleza y sus horizontes de análisis suelen ser mucho más largos. Y enseñan que, en el desarrollo de una sociedad, población o ecosistema (y esto incluye a las empresas) existen etapas de estabilidad y etapas de cambios radicales. También demuestran que existen eventos impredecibles o de bajísima probabilidad de ocurrencia que marcan las transiciones de estas etapas, los famosos "cisnes negros". La historia y la biología saben que no hay ventajas sostenibles en un ecosistema y que los ganadores en una etapa pueden perder todo o desaparecer en la próxima. También saben que, para sobrevivir en una nueva situación o entorno, podrán requerirse conocimientos, habilidades, estrategias y recursos totalmente diferentes a las anteriores.

Algunos de estos recursos suelen estar presentes como secundarios en las etapas anteriores y normalmente en manos de especies no dominantes. Pero ante el cambio en el entorno, estos recursos secundarios o redundantes adquieren nuevas valoraciones. El enorme tamaño de un dinosaurio y su fuerza bruta, se vuelven en su contra cuando el alimento escasea, en cambio ser pequeño y de sangre caliente puede ser una ventaja en una nueva era glaciar. La naturaleza está llena de nichos en donde viven especies a la espera de oportunidades de crecer en entornos diferentes. Así, la vida es absolutamente terca y se adapta a las condiciones más extremas.

El management durante los años de cambio no dramático se dividió en áreas que funcionaban como compartimientos estancos: marketing, finanzas, organización, liderazgo, estrategia, operaciones, control. Y cada uno a su vez, se subdividió en micro problemas: precio, comunicación, distribución y costos. El mundo estaba lleno de expertos en problemas especiales, con casos de éxito y métodos probados, pero atados a una situación de entorno estable que podría cambiar. Un economista siempre especifica que su modelo funciona en ciertas condiciones y con los datos que fue generado: los parámetros del modelo. Es por esta ultra especialización que pocos analistas percibieron el cambio brutal que empezó a gestarse a partir del desarrollo de las tecnologías habilitantes de las comunicaciones digitales y la capacidad de gestionar la información de forma inteligente. Todo esto estaba fuera del radar porque siguiendo a la naturaleza, "las nuevas tecnologías" siempre requieren de "un ecosistema nuevo" para ser eficaces, y desarrollarlas lleva tiempo.

Un mundo con información finita y con pocos datos es modelizable, un mundo global con información infinita y casi perfecta no. El académico y consultor empresarial Clayton Christensen alertó del riesgo de la súper profesionalización en *El dilema de los innovadores*[1]. La ultra especialización y el uso de mejores prácticas congelan a las empresas; la profesionalización hace lo mismo con las mentes, cristaliza métodos, herramientas y conceptos. Ante cambios radicales, faltaron generalistas con comprensión integral del entorno y del mercado, con métodos de observación y análisis diferentes que les permitieran entender la relación entre la organización y un nuevo entorno. Hoy no es posible demostrar con números lo que va a pasar en una nueva situación y así los planes, los cash flow y presupuestos son ridículos. Solo alguien con capacidad de plantear el efecto del todo y no de las partes puede trabajar en una situación de transición entre fases o paradigmas y sobrevivir.

En las ciencias naturales, frente a estos cambios importantes, las relaciones entre las partes (órganos, especies, personas, empresas, instituciones, funciones) se modifican tanto que no es posible comprenderlas con modelos parciales, porque están fuera del rango de aplicación de los modelos anteriores. Esto mismo sucede dentro de las empresas: hoy sabemos que el marketing digital a diferencia del tradicional requiere de datos y bases de datos, análisis en tiempo real, nuevos mensajes por si-

---

1 Christensen, C. (1997). *El dilema de los innovadores*. Granica.

tuación (brief y campaña), nuevas segmentaciones, nuevos talentos. Es imposible operarlo con las ideas, estructuras y herramientas anteriores.

Desde el 2000 comenzaron a aparecer de manera inesperada en muchas industrias varios "cisnes negros" y algunos de ellos fueron más abarcativos como la crisis de 2008 o la crisis global de la pandemia de COVID-19. El cambio dejó de ser entendible y explicable por los de arriba, la incertidumbre se volvió extrema y los planes de corto y largo plazo, inservibles. Y este cambio al ser emergente (no planificable) fue imposible de manejar por un grupo reducido de personas, dada la cantidad de variables e información que se requerían conocer. El problema del management había cambiado y surgió el clamor: ¡Requerimos de una nueva cultura!

Segunda idea: ¿Qué es la cultura?

En la actualidad resulta imperioso intervenir la cultura de las organizaciones. ¿Pero sabemos exactamente qué significa esto? Hay muchas definiciones de cultura y a mi entender muchas interpretaciones de cultura organizacional. Si se hace una encuesta entre empresarios, consultores y académicos encontramos una dispersión conceptual enorme. Comencemos a partir de una definición de Stanley Davis (1984):

> *El patrón de creencias y valores compartidos que le dan a los miembros de una institución significado y les proveen las reglas de comportamiento en su organización.*

Edgar Schein agrega que esos patrones se aprenden al resolver los problemas de la adaptación al entorno y de la integración interna de las organizaciones, y que han funcionado suficientemente bien en la realidad, por lo tanto, son considerados válidos y se transmiten a nuevos miembros como la forma de percibir y pensar en relación con esos problemas. Entonces, la cultura es una forma de entender y percibir la realidad, que ha sido probada en la práctica y se considera importante su transmisión. Según una definición más reciente, la cultura también define las líneas de acción:

> *Es el conjunto de instrucciones que guía a sus miembros: las creencias que valoramos, el mapa subconsciente para actuar en un grupo, los valores compartidos, y las normas y principios que la rigen. Afecta y determina los procesos de toma de decisiones, de solución de problemas, de comunicación y de selección, promoción y desvinculación de personal. Sirve para estabilizarnos en la turbulencia porque actúa como dique de contención. La cultura es el alma, el cómo: las formas que nos permitirán lograr la meta y que definen cómo debemos reaccionar y los límites que nos proponemos no cruzar para ir en la dirección que nos hemos trazado.*[2]

¡Qué fácil, solo tenemos que cambiar el modelo mental! El problema surge cuando, en el entorno actual de altísima incertidumbre, nos vemos obligados a cambiar las creencias del grupo humano que está operando, sin contar con la seguridad de que funcionará en una nueva situación. Básicamente, es como una especie de serpiente que se muerde la cola para los procesos de cambio establecidos, que requiere contar con un grupo que sepa a dónde ir y le plantee al resto del staff el objetivo final, descubra los gaps y planifique el proceso de cambio. ¡Es impracticable!

Si lo miramos con los ojos de la biología, como una adaptación a un cambio drástico en el ecosistema, el panorama puede ser más claro. Las especies que sobreviven a la nueva situación ambiental lo hacen porque cuentan con los recursos disponibles desde antes. Ya poseen esos recursos en su portafolio biológico y los pueden utilizar sin problemas. La supervivencia es función de redundancias en sus equipa-

2 Jalife, F y Melamed, A. (2021). *Tiempo para Valientes*. Paidós.

mientos, habilidades existentes y se utilizan de manera inmediata frente a la nueva realidad.

Las empresas "exponenciales" como las llama Salim Ismail[3] de Singularity University, son aquellas nacidas a partir del desarrollo de la tecnología de información, con mentalidad y métodos de desarrollo de software ágil y concentradas en Silicon Valley: un entorno lleno de innovadores tecnológicos y con instituciones especiales. En los últimos años hemos presenciado una explosión de nacimientos de miles de ellas. Allí varias generaciones de emprendimientos tecnológicos generaron habilidades, instituciones nuevas (inversores ángeles, aceleradoras, capitalistas de riesgo) y reunieron talentos para crear los nuevos reyes de la selva. Los "dinosaurios" apegados a Wall Street (y a los Bancos), podrán continuar mientras puedan explotar ventajas en categorías donde los recursos físicos, las regulaciones, la demora en el cambio psicológico de los consumidores y/o el tiempo técnico del desarrollo de infraestructura, los protejan.

¿Es posible cambiar rápidamente de una forma de pensar basada en métodos ingenieriles o presupuestarios? No. Porque está basada en conceptos, procesos y estructuras preparadas para generar estabilidad y no cambiar radicalmente. Veremos si esto significa que hay que dejarlas de lado completamente.

Tercera idea: Los equipos

Durante años, uno de los principales objetivos del management fue el desarrollo de equipos de trabajo sólidos, alineados y profesionales. Las metáforas deportivas y militares se utilizaron como ejemplo para las empresas, los directores técnicos y generales llenaron estadios dando charlas de motivación y liderazgo.

3 Ismail, S. (2014). *Exponential Organizations*.

No estaba mal en un entorno donde las industrias por un largo tiempo se podían definir como "deportes", con reglas de juego, con profesionales que llevaban años aprendiendo el juego, seguidores dispuestos a pagar por verlos, con expertos que estudiaban el juego, con técnicos profesionales, clubes dedicados a brindar infraestructura y soporte, entidades que organizaban los campeonatos, auspiciantes que aportaban dinero para capitalizar el interés de los seguidores. Los equipos son el resultado de años de trabajo de un sistema complejo de actores, y que sirve solo para ese deporte.

Es muy difícil armar equipos donde las reglas del juego no existen, no hay entrenador que marque las jugadas y no se conoce bien a los competidores. Ellos vienen de distintos lugares y de otros deportes, y por sorpresa, los seguidores tienen que aprender las reglas solos, no hay analistas, ni profesionales, ni clubes, ni sponsors. Pero alguna forma debe existir, porque algunos han conseguido armar "deportes" nuevos en las últimas décadas.

Supongamos que los invitan a armar un equipo para un campeonato de un deporte desconocido y con reglas que se van a ir definiendo a medida que se juega. ¿A quiénes elegirían? Seguro que les gustaría contar con un equipo más bien diverso y con habilidades múltiples y más generales; y por sobre todo personas con mucha agilidad y flexibilidad: que aprenden rápido y se adaptan más rápido aún.

¿Y el líder quién sería? ¿Lo determinarían de entrada? ¿O esperarían a saber más para definir el liderazgo y los métodos de trabajo a medida que surjan las necesidades? ¿Cómo se define alineación en este entorno? Porque necesitamos entender un juego que cambia y en donde el objetivo es mucho más difuso. Los métodos, herramientas, instituciones y profesionales son distintos. Hay más búsqueda, determinación de una dirección, la generación de sentido (para qué), experimentación, aprendizaje, nuevas mediciones, más flexibilidad, más toma de riesgo. También hay análisis de errores, portafolios de proyectos, inversión de riesgo, calcular el "burning rate" que mide la capacidad de vivir sin ingresos genuinos gastando el capital semilla hasta encontrar el nuevo modelo de negocio. No hay planes estratégicos, presupuestos, planes de carrera, evaluaciones 360, Wall Street, ni bancos y cash flow.

Las empresas, cuando sintieron que eran atacadas por nuevos jugadores, salieron a copiar a los nuevos jugadores, a buscar la nueva "cultura digital". Contrataron a nuevos profesionales expertos en un nuevo mundo y la mayor cantidad de veces fracasaron. Buscaban otra "best practice" que reemplazara a la anterior. Pero esto no funcionó por la misma razón por la que fracasan muchos trasplantes en la vida natural. Un órgano funciona en muy pocos cuerpos compatibles, no se pueden realizar trasplantes en un organismo de cualquier manera, hace falta una compatibilidad sistémica.

Cuarta idea: El mundo digital

Durante años se desarrolló en Internet un nuevo mundo digital. Empezando por los sitios puros, siguiendo por redes sociales y por un ecosistema de aplicaciones, su mayor capacidad fue la de manejar información en grandes cantidades y conectar nodos generando ventajas de red. Un mundo alejado de lo físico, con códigos, espacios y significados diferentes. Ejemplos de esto son Google, Facebook o Wikipedia, empresas que no tienen activos físicos significativos en sus modelos de negocios. La comunicación digital tardó muchos años en conseguir validación, pero hoy ya desplazó a los medios tradicionales en los presupuestos de marketing.

El mundo digital puro mató a su paso a muchas industrias y todavía puede crecer muchísimo en medios, entretenimiento y finanzas. Y, aunque creció de manera abismal en algunas categorías, sigue siendo pequeño en los números totales de las economías, básicamente porque está limitado a las cosas que sí pueden "digitalizarse". El mundo que crece es el que combina lo digital con otras entidades físicas para dar origen a una nueva realidad que es mixta. Ejemplos de esto son Airbnb, Uber,

Amazon y Netflix, compañías de base digital pero con una base física real tangible, un producto. Por otro lado, el e-commerce de productos físicos está despegando más rápidamente después de una pandemia que forzó la adopción de nuevas formas de comprar en muchas categorías. Los límites y las oportunidades de crecimiento pasan por las empresas que consigan conectar las realidades físicas con nuevos servicios, como hacen las empresas de última milla como Rappi, PedidosYa o Glovo.

El mundo es realmente ciber-físico en donde la información mejora la conexión, la comunicación y las transacciones. Esto va a requerir de empresas con habilidades digitales y "no" digitales. En donde se crean los nuevos "deportes", y en ellos se tienen que usar las herramientas "viejas" como planes estratégicos, presupuestos y mejores prácticas, sobre todo para contemplar inversiones en real estate, logística, marketing tradicional, capital de trabajo y organización tradicional, al mismo tiempo que se utilizan métodos ágiles, portafolios de proyectos, A/B testing, UX (usabilidad) y Datos.

La combinación entre lo viejo y lo nuevo sucederá de una forma impredecible. En muchas categorías, no se conocerá el mix de tipos de comercio o de comunicación del futuro hasta que se desarrollen. Cuando se desarrollaba el mercado de celulares a principios de la década de 2000, los modelos de aparatos propuestos para la segunda generación de teléfonos no planteaban a las cámaras como un elemento fundamental. Solo el éxito de algunos aparatos con cámaras llevó al desarrollo de estos de forma generalizada.

Como dos ríos que confluyen generando un nuevo río, la realidad futura surge o emerge de la interacción de lo viejo: la sociedad, las categorías y la realidad, con lo nuevo, la tecnología y los nuevos modelos de negocio. Esto es tan evidente que las profesiones que hoy tienen más demanda no existían hace unos años y las empresas que dominan los nuevos mercados son nuevas. Estamos viendo cómo los reguladores están repitiendo batallas contra las grandes empresas de inicios del siglo XX, ya que corren siempre detrás de esta nueva realidad emergente.

En mi opinión, la caja de herramientas conceptual se formará con elementos del management tradicional, generados en la era digital y de nuevas herramientas principalmente derivadas del uso de la Inteligencia Artificial en los modelos de negocios. Estos cambios deberán atacarse con una fuerza laboral variopinta, en sociedades en donde veremos la redefinición de la globalización en términos de regulación de empresas, impuestos y relaciones laborales.

Quinta idea: Un cambio de época

Nadie puede dirigir solo a un mundo más polarizado, con muchos más decisores, con puntos de vista distintos, necesidades particulares y con información casi perfecta. Algo parecido pasará en las empresas. Nadie estuvo en el mundo que vamos a vivir y sabe realmente qué recursos de conocimiento y organización vamos a necesitar en los próximos años. Algunos pueden arriesgar y acertar que algunos acontecimientos van a pasar y hacer ciertas generalizaciones, pero nadie tiene la capacidad de prever lo que sucederá en todos los mercados, geografías y empresas.

Pero sí sabemos que el mundo que viene nos presentará nuevas paradojas, que ponen en conflicto nuestro sentido común, la actual forma de pensar aceptada, al plantear contradicciones. Estamos tan acostumbrados a las soluciones simples y dicotómicas que encontrar puntos equilibrados en un continuo es cada vez más difícil. Plantamos algunas de ellas: cómo seguir produciendo bienes y servicios para una población creciente a la vez que se recupera la naturaleza y la biodiversidad o cómo seguir desarrollando empresas que respeten a todos los stakeholders. Más complicado será resolver los problemas globales, respetando a las comunidades y países.

Este mundo es al mismo tiempo, sólido (físico/racional/repetitivo), líquido (complejo/evolutivo) y gaseoso (caótico/extremo). Un mundo en transición, *un cambio de época* y no una época de cambios.

Sexta idea: Agregando herramientas a la caja

La gran mayoría de las organizaciones llegaron hasta acá con una caja de herramientas muy apropiada para manejar el management en un mundo físico con poca información. Pero esa caja necesita nuevas herramientas y actitudes para el mundo paradójico y ciber-físico. No es bueno descartar las herramientas anteriores porque siguen siendo necesarias en algunos entornos y puede ser necesario combinarlas con las que surjan. Las herramientas nuevas tienen que ver con el management de la incertidumbre.

Propuesta: ¡Tenemos que volver a explorar! Durante siglos la humanidad fue conquistando el mundo. Ante lo nuevo, los grandes exploradores de otras épocas que se aventuraban a nuevas tierras o mares partían con recursos que les permitieran afrontar la mayor cantidad de situaciones posibles. ¿Se imaginan a uno de ellos optimizando los recursos o buscando un punto óptimo? La redundancia y abundancia de recursos dentro de las posibilidades logísticas y la capacidad de realizar múltiples tareas y tener conocimientos variados en el equipo de exploración eran las claves de estas expediciones. ¿Se imaginan un cocinero que solo se dedicara a su función, tener un solo navegador, no llevar carpinteros, soldados o "médicos"? En muchas expediciones se encontraban con sociedades de las que se podía aprender y obtener recursos.

Confiaban en sus capacidades y que en los nuevos territorios podían existir recursos desconocidos, que podrían ser utilizados con inventiva. Ningún explorador podía prever tener cubiertas todas sus necesidades *a priori*, mucho menos todos los peligros y obstáculos. Solo podían contar con la capacidad de su equipo y los que pudieran sumar en el camino. Ante la incertidumbre, la mejor estrategia es generar la mayor cantidad de opciones, dentro de las restricciones de recursos que se puedan afrontar. Es por ello, que es necesario confiar que encontraremos o desarrollaremos recursos valiosos en cada nuevo entorno. Y que el éxito resulta en combinarlos con los propios.

La complejidad de hoy en las empresas surge porque estamos obligados a explorar al mismo tiempo que seguimos operando modelos de negocios conocidos de forma tradicional de los que depende nuestra caja. Además, los ecosistemas de la exploración y de la explotación, los ecosistemas de los negocios nuevos y actuales pueden ser muy diferentes. También lo es la cultura, los procesos y los equipos. Necesitamos salir de la mentalidad de optimización y estandarización, para pasar a manejar redundancias, portafolios de exploración y nuevos modelos, al mismo tiempo. Y la clave está en esta última frase: al mismo tiempo. Los que eligen cambiar a todo el equipo directivo, pierden el conocimiento del mercado y la experiencia acumulada. Los que no hacen cambios nunca ven lo nuevo y nunca terminan de cambiar el modelo de negocio.

Finalizando: una propuesta

Esto no se puede hacer si no se ataca el problema desde varios frentes[4]. El primero es desde arriba. Los accionistas o la alta dirección tienen que entender la nueva situación e involucrarse, pero aceptando sus limitaciones conceptuales. Tienen que asumir los costos de la exploración y su incapacidad para liderar este tipo de cambio con un management racional tradicional. El estilo de liderazgo por autoridad formal apropiado para el siglo XX, debe migrar a acompañar un proceso de aprendizaje. Es un cambio drástico.

También debe ser atacado desde los procesos organizacionales y la estructura, el medio. Sin nuevos sistemas operativos, sistemas de medición y estructuras es prácticamente imposible operar nuevos modelos. En las primeras etapas puede significar tener varias alternativas de sistemas y equipos operando en simultáneo. Es un cambio sistemático.

4 Huy Q. N, y Mintzberg, H. (Summer 2003) The Rhytm Of Change. *MIT Sloan Management Review*. Cambridge, Vol. 44, Iss. 4,: 79-84.

Por último, las empresas deben forzar su ingreso a nuevos modelos de negocios en los inicios de los mercados con el objetivo de generar aprendizaje, entrar por abajo. Hay que embarrarse, meterse, aprender, todo de forma ágil. No se pueden lanzar proyectos de transformación faraónicos en mercados nuevos o emergentes; son imposibles de especificar por los cambios rápidos en el entorno. Allí se entra con prototipos, experimentos rápidos y acotados, con bajas inversiones y utilizando activos compartidos. Nadie desarrolla un nuevo mercado solo y sin ecosistema. Y lo más importante es aprender. Es un cambio orgánico.

Estamos en un mundo en transición en donde muchas veces necesitamos aplicar múltiples formas de organizarnos y paradigmas al mismo tiempo. Esto va en contra de la mayoría de los principios de management racional y liderazgo formal que nos han traído hasta aquí.

No hay formas simples de abordar un entorno con tantas variaciones e incertidumbre, pero tampoco se pueden descartar todas las prácticas anteriores. Solo teniendo conciencia de la cantidad de entornos y de las formas de actuar se podrán liderar empresas con negocios en múltiples etapas de desarrollo.

La convivencia de múltiples formas de operar y modelos bajo una misma organización es un desafío enorme. Y cuesta encontrar formas de pensarlo en un mundo regido por la performance de corto plazo, los procesos rígidos y los KPI. Y encuentro que la única forma de pensarlo es asimilar las empresas a las familias tradicionales, algo que también está desapareciendo.

Entre las generaciones familiares hay objetivos en común, pero funciones y responsabilidades muy distintas. Los mayores, con pasado, son quienes colaboran con los demás y mantienen las tradiciones. Los adultos, al estar en la etapa productiva, aportan los medios materiales y son los responsables del presente. Los jóvenes tienen que prepararse para el futuro como principal responsabilidad. No se discute quién es más importante, sino que todos tienen un horizonte y funciones diferentes.

En un mundo complejo, necesitamos una empresa compleja, en donde los distintos negocios y funciones tienen que complementarse en horizontes de tiempo y viviendo en mundos diferentes. Sin esta perspectiva multifuncional, la supervivencia de una organización en este mundo de múltiples realidades simultáneas está en peligro.

Agradecimientos

El autor agradece a Mariano Barusso y Silvina Uviz D'Agostino su colaboración y a Pedro Frías, Dolores Alonso y otros revisores anónimos sus comentarios y aportes para mejorar este trabajo.

CAPÍTULO 10

El fin de la teoría creativista

Por Federico Isuani

Es cofundador de la agencia BESO, con presencia en México y Argentina, y de la plataforma Social Piper. Se define como *nerd* global en marketing digital, redes sociales y desarrollo de productos. Cuenta con más de 22 años de experiencia en el desarrollo de nuevas empresas innovadoras, estrategias y servicios de marketing en diversas empresas internacionales de tecnología, comercio minorista, viajes y finanzas. Es convocado frecuentemente como experto con habilidades de coaching y team building. Actualmente es el presidente de IAB México y estuvo al frente del capítulo mexicano de HSMAI (Hospitality Sales & Marketing Association International).

Una de las características que más recuerdo de mi paso por la escuela secundaria es mi convencimiento total de que luego, cuando llegase a la universidad, me iba a transformar en un renombrado astrofísico. Mi convencimiento era tal que no dejaba lugar a ningún tipo de duda (o de opción adicional siquiera) acerca de lo que yo quería ser de grande.

Esto estaba arraigado en un deseo muy profundo de poder hacer algo de mi vida profesional que de alguna manera me diera una tranquilidad de control, ya que las ciencias exactas suelen ser sistematizadas, comprobables y analizables a la perfección.

Pero en medio de todo esto, algo en mí no se terminaba de acomodar ya que nunca me olvidaré del día en el cual una tía, luego de ver una construcción que había realizado con los ladrillos argentinos Rasti, me dijo que ella me veía sumamente creativo y que lejos de pensar en números y matrices, yo debería buscar mi camino en el arte, o que yo me tenía que dedicar a la publicidad.

Confieso que en ese momento la idea fue descartada automáticamente por mi cabeza, sin embargo creo que ese momento fue luego decisivo en mi vida, ya que seguramente almacenado en mi inconciente, me hizo empezar a prestar un poco más de atención a lo que implicaba la publicidad.

Los años subsiguientes se caracterizaron por un aumento en mi indefinición acerca de si perseguir las ciencias exactas, o realmente explorar la posibilidad de dedicarme a una industria, arte o ciencia que se encontraba aparentemente en el espectro contrario.

Nos encontrábamos en los años 90, en los que la creatividad en Argentina estaba pasando por un apogeo, con campañas memorables, casos mundialmente reconocidos y hasta una idea de que el trabajar en el ramo, te proporcionaba una mezcla de velocidad, nerviosismo, pero a su vez, una idea de glorificación y gratificación casi inmediata por un reconocimiento casi desmedido del resultado del trabajo realizado. En otras palabras, hacer publicidad era un trabajo sumamente divertido, exigente, pero exacerbadamente gratificante a la hora de ser reconocidos.

Les cuento que finalmente al terminar la secundaria, el no ser tan bueno en matemáticas me hizo descartar luego de hacer mi ciclo básico común en la Universidad Buenos Aires, cualquier oportunidad de perseguir la ciencia que me había motivado por tantos años. Mis amigos me llamaban "Atila" por haberme transformado en un rey "de los hunos".

Fue en ese entonces, en una etapa de bastante confusión, que recordé las palabras de mi tía y me dije a mí mismo que quizás era hora de explorar esa variable creativa que yo no había querido elevar antes, por la creencia hoy equivocada de que el mundo de las ciencias sociales era un mundo basado en la subjetividad y en la poca capacidad que tenía de ser analizada, evaluada y comprobada objetivamente, y yo sentía que no llevaba a algo. En ese momento fue cuando me acerqué por primera vez al mundo del marketing y de la publicidad.

Primera visión de la publicidad

Lo últimos diez años del Siglo XX y los primeros del XXI conformaron una etapa en la que la publicidad latinoamericana pasaba por una especie de apogeo global, y donde mucho se hablaba de ella. Esto no debería sorprenderle a nadie si también nos damos cuenta de lo que sucedía a su alrededor desde algunos años antes: el regreso de la democracia a la región, que trajo un nuevo sentimiento de liberación luego de la opresión militar, sumado a una retransformación técnica de los medios tradicionales, televisión, radio, impresos, y que promovían un viento de cola junto a la transformación tecnológica que se había realizado a esos formatos:

- La televisión a color con efectos especiales.
- La radio FM con mayor capacidad de fidelidad.
- Los periódicos en color y una mejora notable en los sistemas de impresión que permitían que los formatos tradicionales publicitarios podían estar en este momento a un nuevo nivel.

Todos esos adelantos estuvieron primariamente al servicio de la mejora de los mencionados formatos tradicionales de la publicidad. Esto había creado lo que yo considero la gran problemática de la publicidad misma: la "hollywoodización" de la creatividad.

Quiero ser muy cuidadoso con este concepto ya que muchos de ustedes se pueden sentir ofendidos, pero aquí lo aclaro un poco más: con hollywoodización me refiero a que uno no podía pensar en publicidad sin pensar automáticamente en su asociación con el concepto de creatividad. Esto se explicaba en que la parte más visible y reconocida de la industria publicitaria estaba centrada primariamente en lo que ella emitía y causaba, y esto se reflejaba automáticamente en la idea de que la creatividad era la base de la publicidad.

Cuidado, no quiero decir que era un concepto erróneo, totalmente lo contrario: solo intenta explicar que en esa época, la creatividad y la publicidad eran prácticamente un solo atributo, lo cual hacía que esta dinámica confundiese los dos conceptos en el común de la gente.

Llega la tecnología

A pesar del notable avance tecnológico que había obtenido la publicidad para la mejora de los formatos, esto en una primera etapa, no afectó esencialmente en la forma de trabajar el proceso publicitario: la creatividad siguió siendo el centro de absolutamente todo y los procesos de inspiración creativa, independientemente de una incipiente proto-área de *planning*, funcionaron de la misma manera como lo hicieron en los últimos 50 años.

Justo es por ello, que a pesar de los avances que se mencionan, solo podemos encontrar un verdadero cambio paradigmático de la publicidad, recién en los últimos diez años, cuando la tecnología logró afectar realmente la forma como se hace la publicidad.

El primer indicador que se vio de este cambio fue la capacidad de obtener en tiempo real o casi instantáneo métricas publicitarias integrales sobre los resultados de negocio, el sentimiento de los consumidores con sus comentarios en las nuevas redes sociales y las métricas que arrojaban los nuevos y diversos canales y formatos de publicidad digital. Aun así, la publicidad seguía viendo a la tecnología digital como meramente un incipiente canal más de comunicación, sin entender que más que eso, era lo que vendría a redefinir por completo el proceso publicitario.

Pensemos esto: originalmente la publicidad estaba basada en una metodología primariamente de una sola vía, con muy poca capacidad de retroalimentación (lo cual convenientemente bajaba considerablemente su *accountability*), haciendo que si todo salía bien, el desarrollo publicitario no solo no era cuestionado, sino que además, competía para ganar grandes premios fomentando aún más la exacerbación creativa. Pero si por lo contrario, los resultados de negocio no se daban, la culpa que tenía la publicidad dentro de este fracaso era muy difícil de identificar dentro del modelo de atribución que tenían los clientes. Era muy fácil decir que la culpa era de cualquier otra cosa (ventas, logística, u otras) y no de la campaña que no había funcionado o conectado con el consumidor.

Toda esta situación cambia por completo en el momento en que los clientes comienzan a tener resultados y mediciones en tiempo real, siendo aquí, donde empieza la primera gran crisis de la publicidad tal como la conocemos, lo cual ha tenido un nivel de tratamiento y resolución muy importante en los países avanzados, mientras que en los países emergentes como los nuestros, este es un tema que en general ni siquiera se llega a proponer como tema prioritario de análisis dentro de la industria.

La nueva publicidad Data-Driven

Cuando queremos definir la nueva publicidad nos quedamos cortos si tan solo hablamos de un "sistema novedoso de generación de mensajes comunicacionales a través de un análisis o retroalimentación de muchas métricas en tiempos real", pero pensémoslo bien: el principio básico que ha cambiado es el hecho de que la publicidad ya no puede seguir siendo unidireccional, más aún en un mundo que está dando información en tiempo real y donde los mensajes deben pensarse para implementarse en un diálogo con la audiencia.

Cualquier desarrollo creativo que le llegue al mercado tiene que estar preparado para realmente conversar, y no solo comunicarle algo a las personas. Es decir: así como una conversación deriva en nuevas ideas o expresiones según se vaya dando, de la misma manera la creatividad debería estar cambiando casi a nivel cotidiano.

Esto solo se puede lograr si tenemos un claro mecanismo de escucha, es decir, saber que el mundo digital, más que una nueva boca, le ha dado a la publicidad y a la creatividad un oído para escuchar antes que hablar. Planteado así, es difícil dimensionar el tamaño de lo que implica este cambio para la publicidad, ya que redefine por completo lo que creemos y sabemos sobre ella y sobre el proceso creativo

Para entender el concepto de Data-Driven primero debemos conocer cuál es el proceso que sigue la información para que pueda ser afectada de una manera positiva dentro del proceso publicitario. Y para esto, recordemos cómo se creaba hasta hace poco tiempo prácticamente la totalidad de las campañas creativas: se trataba de implementar una mezcla de la experiencia personal y la intuición del creativo y, si existía la fortuna de que hubiese un área de planning medianamente estructurada, la información de mercado podría ayudar a enfocar el camino creativo.

Por otro lado, tenemos que entender qué es lo que trajo la tecnología: a diferencia de lo que muchos puedan pensar o decir en estos días, la tecnología en realidad no trajo cosas nuevas, sino que nos permitió habilitar por primera vez el acceso a un sinfín de información y datos que ya estaban alrededor nuestro y del mundo, pero que simplemente no estaba a nuestro alcance para analizarla, estructurarla y transformarla en inspiración creativa.

Mucha gente conoce o habla del concepto de *big data*, el cual implica la existencia de océanos de información, con miles de fuentes interconectables, pero que sin un correcto ordenamiento y/o estructuración, no deja de ser información inservible para cualquier propósito. El gran secreto de la publicidad Data-Driven es la capacidad de ordenar y estructurar todos los *feed* necesarios de información para que de aquí se puedan analizar y extraer patrones dentro de esa información y, que como consecuencia, se identifiquen en orden de maximización de resultados, los *insights* que inspiren a los equipos creativos, dándole un sustento inédito a sus ideas. En otras palabras: lo que hace esta metodología es lograr ideas o propuestas creativas que estén justificadas y explicadas en insights identificables dentro de este mar de datos.

La nueva estructura

Para lograr todo lo que venimos hablando se necesita claramente invertir en una infraestructura sin duda bastante novedosa, el cual introduce además un nuevo cambio paradigmático dentro del mundo publicitario: el gasto en infraestructura publicitaria. Si analizamos con perspectiva histórica el comportamiento de los gastos de una organización publicitaria, el mayor porcentaje de ese gasto (más del 50% por lo general) constaba del salario de las personas que colaboraban en ella. Esto era así porque se puede afirmar que el principal activo de estas organizaciones, entraba y salía por la puerta todos los días.

Si analizamos los gastos de tecnología o infraestructura de IT (los cuales estaban destinados meramente a equipo tecnológico general o de comunicaciones) eran recién el cuarto o quinto rubro de gastos. En las nuevas organizaciones publicitarias Data-Driven, el gasto tecnológico pasa ser en general el número uno, desplazando a la nómina a un segundo lugar por lejos. Esto se debe a que una infraestructura que permita un real proceso publicitario basado en data, es una estructura que está centrada en la creación:

- **El Data Lake.** Este es un océano de datos estructurado que funciona como un gran repositorio central de información, el cual podríamos decir que es "una base de datos con esteroides", debido a que no solo se estructura por única vez, sino que gracias a distintas metodologías de aprendizaje de máquina e inteligencia artificial, este se va reordenando, optimizando, y ya vemos muchos de ellos que están evolucionando de manera automática en base a la información que se le va incorporando y en base a la retroalimentación de resultado.

- **Las fuentes.** en segundo lugar tenemos la infraestructura de fuentes que son todas aquellas bases de datos de *big data* que voy a mezclar dentro de mi *data lake* o repositorio central de datos. Esto logra la alimentación del primero por múltiples fuentes de información que lo alimentan de manera constante, los cuales van desde el recorrido de venta de los clientes, la escucha en las redes sociales, estadísticas de gasto publicitario hasta fuentes impensadas como el estado del clima.
- **La visualización.** En tercer lugar viene el esquema o infraestructura de visualización, la cual es el conjunto de herramientas que son consultadas por el equipo de ciencia de datos (*data science*) central de la agencia, integrado por los encargados de la identificación de patrones dentro del océano de datos, que luego son discutidos con el área creativa para la conformación clara de los insights creativos con los que van a elegir trabajar.

La metodología

Cuando se habla del concepto de Data-Driven, debemos por supuesto apoyarnos en diversos componentes que van desde la infraestructura que tenemos y que mencionamos anteriormente, hasta las personas que tenemos para que la ejecuten: poseemos la infraestructura de fuentes que son todas aquellas lagunas de *big data* que voy a mezclar dentro de mi *data lake* o repositorio central de datos.

Este último punto aparece como el claro diferenciador entre los que dicen que hacen una publicidad basada en data, y los que realmente lo hacen.

Ahora entraré en el detalle de lo que aporta el trabajo y el involucramiento humano. Y para ello, le daré un tratamiento independiente de la infraestructura que mencionamos recientemente. Existen talentos en el mercado preparados para interpretar la data, para que con ello, se transforme en información de valor para inspiración creativa: estamos hablando de los científicos/as de datos, los "data scientists". Este es un perfil totalmente inédito dentro de la industria, o del concepto publicitario mismo, porque son profesionales o estudiantes de ciencias exactas como matemáticas, estadística, economía, actuario, entre otras disciplinas, que hasta el día de hoy eran impensados que tuviesen cualquier tipo de relación laboral dentro de una organización basada en ciencias de la comunicación o social.

La tarea del científico/a de datos se basa en ordenar todas las fuentes de información o indicar qué de ellas se tiene que utilizar. Con eso luego incorpora ese flujo de información (que es constante dentro de un *data lake* (o cualquier otro tipo de base de datos completamente estructurada) y donde elimina por completo cualquier tipo de dato basura para luego encargarse de que la información que ahí se va rellenando realmente sean datos que van a servir para los propósitos del proceso publicitario.

Una vez que se ha creado esto pasamos a la segunda gran tarea: la identificación de patrones.

Esto básicamente consiste en la revisión de los datos que arroja el *data lake* para la identificación (primariamente apoyado por algoritmos de aprendizaje de máquina o de inteligencia artificial), de ciertos patrones o comportamiento de esta información a partir de distintos estímulos externos o internos. Por ejemplo: cambios en la percepción del consumidor, cambio en las ventas basados en el clima, cambio en el costo de los medios digitales basados en una métrica de performance y de mejora continua de resultados, entre otras variables. Aquí es donde la magia se desarrolla, ya que con la identificación de estos denominadores en común, también se identifican "patrones de consecuencia", que es todo lo que pasó a partir de esos cambios, estímulos o patrones encontrados.

Como tercer punto del proceso o metodología, tenemos el comienzo de la discusión creativa, que no es más que sentarse con el equipo creativo para empezar a discutir estos sucesos o situaciones y de esa manera enfocar al equipo creativo. No hay que pensar que el equipo de *data science* va a definir el insight creativo, sino que este muestra el camino numérico para que el área de planeación o creatividad lo defina en mensajes más digeribles.

Pero esto no queda solamente ahí, ya que además de la identificación de múltiples *insights* o patrones, al mismo tiempo estos se pueden ordenar en un sistema probabilístico para identificar cuál de ellos tiene mayor oportunidad de transformarse y obtener resultados exitosos. Por favor no tomemos a la ligera esto último, ya que es el que cambia el paradigma de la publicidad: por primera vez la publicidad puede aventurarse a predecir los resultados posibles de una campaña de comunicación y este es el momento en el que se nos para el corazón y cuando podemos decir "¿En serio está hablando este tipo de eso?" y la respuesta es "Sí, la tecnología le ha traído validación a la creatividad".

Pero no solo nos quedemos con la idea de que la información valida la propuesta creativa, sino que al mismo tiempo, y por la misma estructuración del *data lake*, todo lo que suceda a partir del lanzamiento de esa campaña o acción publicitaria, también se medirá en un formato de retroalimentación, lo cual nos permite hacer micro o macro ajustes casi de manera instantánea para la corrección inmediata de cualquier campaña publicitaria. Segunda alteración paradigmática a la publicidad: la capacidad de la mejora continua sustentada.

Nuevos modelos

Si hoy observamos cuáles son las agencias u organizaciones que no quieren ser reconocidas como "agencias de publicidad" porque sienten que es una implicancia anticuada, vemos que son aquellas que ya han movido el proceso creativo del centro de la organización a ser el brazo ejecutor de la información.

Estas son organizaciones que saben escuchar antes que hablar y ajustan su decir basado en esa interacción.

Este cambio es sumamente resistido todavía por una línea publicitaria (ya considerada anticuada) en la que la creatividad era un arte oculto destinado solo para ciertos iluminados, lo cual hace que hoy en día valga más un banner con un televisor a un precio abajo que un concepto creativo ganador de un premio internacional. Y esto simplemente sucede porque podemos ver que la performance del primero es extremadamente superior en conversión de resultados y de posicionamiento que el último. Sé que está afirmación es algo que puede generar mucha fricción y opiniones encontradas, sin embargo también sé que está 100% sustentada en métricas de resultados de negocio, lo cual la valida por completo.

Éstas nuevas organizaciones basadas en una publicidad orientada con data no solo transforman el proceso publicitario sino que además incorporan nuevas disciplinas hasta ahora impensadas. Por primera vez (y volviendo quizá a mis comienzos de la astrofísica) las ciencias exactas tienen cabida predominante dentro de la publicidad. El orden sobre el caos, las métricas sobre la intuición. La publicidad deja de ser un arte para ser un desprendimiento de las ciencias exactas.

¿Dónde estamos?

Tal como decía previamente, hoy podemos ver una gran disparidad dentro de los distintos mercados respecto al avance que está teniendo este concepto y la transformación que promueve en el mundo publicitario. Podemos entender además que hay mercados que no están preparados aún para ello; sin embargo, observamos muchísimas organizaciones publicitarias a las que podemos comparar con la primera clase del famoso transatlántico Titanic, que mientras se va a hundiendo el modelo tradicional sigue tocando la orquesta en premios y en certámenes internacionales de publicidad, intentando asegurar una relación entre los premios y la efectividad de las campañas. Una agencia preparada para este nuevo mundo se puede distinguir en un mercado porque sus avisos de contratación buscan diseñadores pero también están buscando matemáticos, científicos numéricos, actuarios y científicos de datos.

¿Cuáles han sido los retos para la opción de ser Data-Driven en las organizaciones más exitosas de hoy? Por supuesto que podemos hablar de grandes cambios e inversiones a nivel tecnología e infraestructura, pero el mayor cambio es el cultural. Esto se desprende desde varios puntos de vista, pero vamos al que es aparentemente el más fácil de entender: la resistencia del área creativa a darse cuenta de que ya no define sino que solamente ejecuta enfocada con los números que salen de una computadora. Pero en mi experiencia personal la mayor sorpresa se dio a partir de ver la resistencia de los recursos de la ciencia de datos a trabajar en la publicidad, debido a muchos preconceptos que este tipo de perfil tiene sobre la historia publicitaria. De cómo se ha caracterizado por funcionar hasta ahora, sin ningún tipo de evaluación o validación científica.

Otro componente no menor es que el área de recursos humanos de agencia tiene que salir a aprender a contratar un *data scientist*. Creo que no podría pensar *a priori* que solo se trata de poner un anuncio en el diario, ya que les adelanto que eso va a ser un fracaso rotundo, debido a que este perfil debe ser reclutado con mucho cuidado, en las universidades mismas o en los centros de investigación en los cuales ellos suelen estar. Recordemos que a este perfil no le interesa ganar un premio Clio, sino generar algoritmos o procesos que tengan consistencia interna lógica para de esta manera lograr resultados identificables y científicamente revolucionarios.

Y por último, pero no menos importante, encontramos el trabajo en conjunto: no crean que porque están en la misma organización el trabajo entre un *data scientist* y un creativo funciona sin problemas. ¡Todo lo contrario! Ya que básicamente provienen de dos lenguajes de trabajo completamente separados y lo que tiene que lograr la agencia es un idioma común entre ambas disciplinas. Aquí está el desafiante reto de las implementaciones de la ciencia de datos adentro de la agencia, pero la buena noticia es que es totalmente solucionable.

El futuro

Si ustedes creen que lo que afirmé en todo lo anterior es un cambio fundamental, creo que lo que voy a comentar en estos párrafos hace que lo primero realmente sea algo pequeño. Hablemos de la automatización, y si lo pensamos rápidamente el 80% del trabajo publicitario actual es completamente automatizable: diseñar variaciones de una idea creativa, planificar medios, desarrollar un sitio web, preparar entregables para los medios, la contestación a los usuarios en redes sociales y muchas otras tareas. Todo esto ya sabemos que es automatizable, prácticamente a un 100%.

Soy un convencido de que todo lo que estamos tratando en este momento y viendo cómo se están dando las tendencias de las distintas industrias y los distintos modelos negocios, llevan irremediablemente a una automatización. Aquí creo yo que es donde la publicidad va a ver los próximos grandes cambios en su concepción más mínima: la inteligencia artificial y el *machine learning* asoman como la evolución y el futuro no lejano de la publicidad.

Sin embargo, existía la idea de que el pensamiento creativo no se puede reemplazar, pero les tengo una noticia: sí se puede, y está llegando mucho más rápido de lo que unos cuantos creen. La inteligencia artificial, que se encuentra cambiando prácticamente todos los modelos de negocio, ha mostrado que hasta dentro del arte puede tener cabida su brazo ejecutor. Hace poco tiempo me maravillé con un proyecto que utilizaba inteligencia artificial para revivir el arte de Rembrandt y desde allí se pueden seguir pintando nuevos cuadros con su genio a más de 200 años de su muerte.

Esto sucede porque la inteligencia artificial, con su análisis de la data, permite ya la interpretación creativa y la generación de conceptos y campañas basados en resultados y patrones de conducta del público objetivo, de la marca y de variables como su posicionamiento, intención de resultados, entre otros. No se enojen conmigo, creativos, ya que es muy posible que, si alguien lo desea, seguramente podrán contar aún con sus servicios. Pero lo que sí deben tener muy en cuenta es que más vale que estén listos para entregar resultados inmediatos, sólidos y comprobables, o seguramente el cliente cambiará al poco tiempo por una plataforma de inteligencia artificial que les dé estos requerimientos.

Ahora bien, ustedes me podrán decir que se viene un futuro sombrío para la publicidad, lo cual yo rechazo tajantemente: no creo que la automatización o esta nueva etapa de la industria sea sombría, ya que en el fondo va a entregar resultados cada vez más precisos y espectaculares, haciendo que la publicidad sea prácticamente insustituible para los clientes, lo cual hará florecer nuevas capacidades que atienda, complemente y extienda las capacidades de la publicidad haciendo que pueda llegar de una manera cada vez más efectiva con el mensaje correcto, a la persona correcta, en el momento correcto.

CAPÍTULO 11

Hacia un nuevo modelo de agencia

Por JULIA KAISER

Julia Kaiser es Chief Content Officer de Havas Argentina. En 2019 creó HOY.edit, el hub de contenido editorial de la agencia, trabajando para marcas tan distintas como Netflix y Accenture. Previamente se desarrolló como Head of Strategy en el mismo grupo y antes de eso como estratega en las agencias Don y VMLY&R. Comenzó su carrera como Analista de tendencias y escenarios futuros en Kantar Futures.

Sobre mutaciones necesarias

Todo el mundo que conocemos ahora está acá porque en algún momento tuvo que adaptarse para enfrentar mejor los desafíos que le presentaba su contexto. La mayoría de las especies que existen actualmente fueron mutando a lo largo del tiempo, adaptando sus rasgos fenotípicos para poder lidiar mejor con el ambiente. Las serpientes, por ejemplo, perdieron sus extremidades para poder caber mejor en espacios pequeños y esconderse de sus depredadores, y los huevos del arao desarrollaron una textura y forma perfectas para no caerse por los acantilados donde anida esta ave.

Pero la evolución ha avanzado movilizada por distintos tipos de cambios: a los cambios fisiológicos se le sumaron también las adaptaciones etológicas, que es la palabra elegante para definir a las adaptaciones del comportamiento. Con el tiempo, algunas especies de mamíferos se dieron cuenta de las ventajas de cazar en manada y otras, como el ave del paraíso, desarrollaron un sofisticado ritual de apareamiento para asegurarse pareja.

La evolución siempre estuvo atada a la adaptación. Cuando el naturalista inglés Charles Darwin hablaba de la "supervivencia del más apto", bien podría haber estado hablando de la supervivencia del más flexible o, para ser más exactos, de quien era capaz de transformarse de la forma más astuta. En definitiva, la historia de todo ser vivo en este planeta se trata de una serie de transformaciones astutas. Pero los seres humanos, los más contradictorios de los seres, que sobrevivimos gracias al cambio, también hemos desarrollado muchos mecanismos para evitarlo.

De hecho, nuestra historia como seres humanos está marcada por nuestras eternas y pendulares pulsiones entre la búsqueda del cambio y la resistencia a él. Esa resistencia puede venir de muchas formas, pero las más interesantes (por su impacto silencioso) son usualmente las menos burdas, las más cotidianas y sutiles, tanto que a veces ni siquiera nosotros mismos nos damos cuenta de que nos estamos resistiendo a algo. Ese tipo de resistencias son los sesgos cognitivos.

Quizás el más curioso y paradójico de los sesgos cognitivos es el sesgo del punto ciego: cuando estamos convencidos de que, por alguna razón, somos menos propensos a tener sesgos que los demás. Todas las comunidades y sus dinámicas son expresiones pequeñas de estos grandes fenómenos que marcan a la totalidad de los seres humanos y la publicidad, esa especie de comunidad que habitamos, es una de ellas.

Es una comunidad que está marcada por la pulsión entre la transformación y la resistencia. Y se podría decir que está también estancada en ese vaivén. Es que a pesar de que nos la pasamos hablando de innovación, cambio y reinvención, la respuesta no es tan simple. Todas las especies cambian, pero no todas evolucionan –de aquellos animales que cambian, solo sobreviven quienes hacen transformaciones que realmente saben acompañar a las que ocurren en su contexto.

Este texto busca navegar la realidad de una publicidad estancada en la tensión entre la obsesión por el cambio y el rechazo al cambio. Y busca entender cuáles son las transformaciones que debemos hacer para evolucionar y cuáles son las resistencias que debemos vencer dentro de nosotros mismos para comenzar ese camino.

Vinieron los asteroides pero seguimos vivos

La publicidad está en crisis es una frase que escuchamos todo el tiempo. De hecho, probablemente fue una de las primeras cosas que escucharon quienes, como quien les escribe, entraron en la industria hace aproximadamente diez años. Llegaron a la fiesta y los globos estaban desinflados, la cerveza estaba caliente y la banda discutía porque no era ese el monto que habían arreglado. Los invitados hablaban entre ellos, lamentando que la jarana hubiera durado tan poco.

Pero ¿de qué crisis hablamos cuando decimos que "la publicidad está en crisis"? Pronto descubrí que el tema era más complejo de lo que parecía y que los agujeros en este barco del que ahora formaba parte eran varios: crisis de rentabilidad, crisis de relevancia, consecuente crisis de fuga de talentos.

La historia probablemente les sea familiar, ya que el racconto de los últimos treinta años se ha hecho innumerables veces para intentar entender cómo llegamos acá, y cómo las mentes que supuestamente se encargan de solucionar los problemas de sus clientes con creatividad no pudieron solucionar los propios.

Nos pasaron por encima la llegada de Internet, la irrupción de las centrales de medios, las crisis financieras, la pérdida de prestigio de la profesión, la llegada de las redes sociales, la proliferación de los perfiles freelance y los cambios de paradigma a nivel sociocultural. No necesariamente en ese orden, pero sí con esa dinámica: como olas que te golpean una tras otra y te vuelven a tirar al suelo antes de siquiera poder terminar de levantarte.

Esto podría haber resultado de muchas maneras. Pero la idiosincrasia publicitaria, más romántica que utilitarista, dramática, bastante ególatra y (aunque se jacte de ser innovadora) muy amante del *statu quo*, se hundió en un mar de nostalgia. El fenómeno fue tal que se transmitió incluso a las generaciones que apenas gateaban en la época dorada de la publicidad. Se parece un poco a lo que sentimos cuando miramos la serie Friends, esa añoranza de una juventud en la Nueva York de los noventa, viviendo en departamentos enormes con tus mejores amigos. La nostalgia por algo que en realidad la mayor parte de nosotros nunca vivimos.

Y si bien toda esa nostalgia no es injustificada, es un factor que ha resultado bastante nocivo para el mundo de las agencias. Porque, mientras el mundo (nos gustara o no) avanzaba, la publicidad se aferraba a esa gloria del pasado con ambas manos, intentando, de todas las formas posibles, recuperarla.

Cada innovación tecnológica iba a ser la salvación: nuevos dispositivos, nuevos gadgets, aplicaciones y plataformas. Pero nos pasamos más tiempo intentando obstinadamente encajar esas innovaciones en nuestras ideas de siempre que intentando entender cómo pensar ideas que sirvan al nuevo contexto creado por esas innovaciones.

Nos cubrimos entonces de una narrativa donde repetidamente pasamos por frases como "debemos transformarnos", "debemos reinventarnos", "debemos resetear". Pero, al final, nos resultó más fácil hacer pequeños ajustes en las estructuras conocidas que concebir y construir un cambio más profundo.

Vimos que, a pesar de la lluvia de asteroides, todavía no nos habíamos extinguido del todo. Entonces miramos para otro lado y seguimos más o menos como veníamos. Eso sí, desarrollamos toda una serie de pantomimas de cambio para aparentar que al menos habíamos tomado nota de la situación.

Entonces nacieron nuevos roles, agencias boutique, departamentos digitales, *buzzwords* exasperantemente vacías: un sinfín de inventos que prometían una transformación que nunca vino. Terminaron siendo otra forma de vender narrativas de innovación, mientras las dinámicas y los objetivos se mantenían prácticamente inalterados.

Este puede ser un buen lugar para detenerse a señalar algo importante: para todo lo que se diga acerca del mundo de la publicidad, probablemente haya excepciones. Por ejemplo: claro que hay muchas personas que intentaron genuinamente introducir modelos disruptivos ante el drástico cambio de contexto. Algunas con mayor éxito que otras. Pero me atrevo a lanzar la hipótesis de que, si esas personas hubieran sido realmente la mayoría y no una minoría muchas veces hasta subestimada por quienes aún hacían publicidad "de verdad" (spots de televisión, gráficas para diarios y vía pública), la industria publicitaria actual estaría en un lugar totalmente distinto.

Sin embargo, acá estamos. Con más problemas de los que queremos admitir.

Houston we have a problem

Arbitrariamente voy a empezar por el fenómeno de juniorización de las agencias, explicado con más elocuencia por el publicitario Santiago Olivera en el primer tomo de este libro. Estamos hablando del hecho de que existan cada vez más perfiles con poca experiencia a cargo de cada vez más tareas.

Esto usualmente resulta, en muchos casos, en una reducción de la calidad de lo que ofrecemos. Pero también resulta en un promedio de salarios cada vez más bajo. ¿Por qué pagar un sueldo alto por un perfil con experiencia si hay una persona más *junior* pero con menos responsabilidades personales que está dispuesta a trabajar doce horas por día y fines de semana para resolver los interminables pendientes por mucho menos dinero?

Los sueldos poco competitivos llevan a un exilio de personas experimentadas que, una vez que alcanzan una cierta cantidad de kilómetros recorridos en la industria, buscan otra calidad de vida. Pero también llevan a una alta rotación de los perfiles jóvenes, que se cambian de agencia cada pocos meses con tal de obtener unos billetes más.

Ante esta situación, talentos sumamente valiosos se van a *start-ups* o consultoras que aprecien la creatividad pero no les hagan sentir que deben dar su vida por ella. Los sueldos poco competitivos no son solo producto de que haya tanta predominancia de gente con poca experiencia en las agencias, sino producto del mismo mal que causa esta juniorización: la falta de un modelo de negocio rentable. Este es un factor clave, madre de muchos otros factores.

Sobre esta misma línea, podemos sumar a la lista la perpetuación de la tóxica "cultura de la clavada", en donde contamos las horas de nuestra vida que le regalamos a nuestros respectivos empleadores con orgullo en lugar de con vergüenza. "Me estoy clavando todos los días" es una frase que se usa casi como una medalla de honor. Y el irse a horario de la agencia es a veces hasta considerado falta de compromiso. Después de todo, da lo mismo la hora o el día de la semana con tal de tener el lujo de trabajar en la mejor profesión del mundo (a pesar de que ustedes podrán percibir el tono irónico de esta frase, he escuchado distintas versiones de la misma afirmación dichas completamente en serio).

Si hablamos de culturas tóxicas, no debemos esquivar el hecho de que las agencias publicitarias fueron siempre un ambiente bastante problemático o directamente impenetrable para las mujeres, las minorías socialmente vulneradas o en general para las personas que no provinieran de una clase media alta urbana. Hecho que en los últimos años ha dado de qué hablar y ha dejado al descubierto muchas prácticas muy conservadoras para una industria que se precia de ser vanguardista.

Parados, queramos o no, en medio de todas estas problemáticas, nos encontramos vulnerables frente a los anunciantes. Inseguros a la hora de ponerle un precio a lo que hacemos, incluso a la hora de ponerle un nombre a lo que hacemos. Por lo tanto, incapaces de ponerle un valor. He ahí la crisis de rentabilidad. Que "obliga" (énfasis en las comillas) entonces a recurrir a las horas extra no pagas, los salarios poco competitivos y la juniorización entre otros fenómenos ¿Ustedes también ven claramente el círculo vicioso acá?

El (hermosamente) ridículo mundo de la publicidad

Ahora, entiendo cómo se ve esto. Agotador ¿Quién querría estar acá? ¿Por qué sigue habiendo gente que se somete voluntariamente a trabajar en el mundo de la publicidad? Bueno, probablemente por una variedad de razones. Pero les voy a nombrar una: la misma razón que hizo que las agencias pudieran ignorar la lluvia de asteroides a su alrededor es la razón por la que vale la pena intentar salvarlas.

La publicidad es un mundo increíblemente ridículo. Con todo lo irritante, pero también todo lo hermoso que puede resultar de eso:

- Hay una agencia que brinda sus servicios a todo el mundo desde un molino rehabilitado en Portugal.
- Una marca de bebida energizante llevó a un hombre a la estratósfera y luego lo tiró en un globo inflado.
- Hace poco tiempo una marca de pastas llegó a boca de todos por haber hecho playlists en Spotify que duran lo que tarda en cocinarse cada uno de sus productos.
- Un creativo argentino alcanzó el éxito con campañas para un banco y para una marca de arroz y terminó trabajando para la NASA y asesorando el proceso de paz de las FARC.

En publicidad todo puede pasar y todo está siempre a punto de suceder. Y esa sensación puede ser embriagadora y hasta adictiva. Sin embargo, lo mismo que hace todo lo bueno que somos, también nos distrae de nuestro propósito fundamental, de lo que debería haber sido todo el tiempo nuestro objetivo: hacer llegar un mensaje a una audiencia. En la búsqueda de "*the next big thing*", nos olvidamos que nuestro trabajo se trataba de nuestros clientes y de lo que necesitábamos que sus audiencias sepan y sientan acerca de sus marcas.

No me malinterpreten: buscar la grandeza es una gran cosa. Pero siempre y cuando sea en función de los objetivos por los que fuimos convocados y no a costa de ellos.

La supervivencia del más empático

Ya hablamos de lo que fue y de lo que somos, pero ahora hablemos de lo que podemos ser, empecemos a trazar el camino hacia el futuro. ¿Cómo hacemos esto? Porque queda claro que, en general, lo que hicimos hasta ahora para acomodar nuestro trabajo a la variedad de cambios del contexto (tecnológicos, económicos, culturales...) no funcionó. Están, claro, las excepciones de siempre. Pero, en términos generales, la publicidad sigue siendo poco rentable, los talentos se siguen yendo y estamos posicionados ante los anunciantes más como simples proveedores intercambiables que como socios estratégicos de comunicación.

¿Por qué no pudimos más que ponerle parches a esta situación crítica? ¿Qué barreras tenemos que destrabar para poder hacer una evolución real?

La razón por la que nos cuesta tanto hacer "transformaciones astutas" como industria es porque la innovación que tenemos que llevar a cabo no es simplemente tecnológica, tampoco se trata sencillamente de adoptar nuevas metodologías de trabajo. El *design thinking*, las metodologías ágiles y las distintas herramientas que podemos adquirir de disciplinas adyacentes son justamente eso: herramientas. Pueden resultar más o menos útiles de acuerdo al caso, pero no pueden, por sí solas, resolver los problemas de raíz.

Gran parte de la clave de esta reinvención está, como en tantos otros casos, en identificar y desactivar (o atenuar) nuestros sesgos cognitivos. Estos sesgos, que se encuentran en absolutamente todas las personas, actúan como barreras que hacen que no veamos ciertas cosas que están frente a nuestros ojos.

Pero ¿de qué manera exactamente los sesgos cognitivos funcionan como barreras a la relevancia de la publicidad? Sucede que nuestra atención está tan deslumbrada por los nuevos dispositivos, tan tentada por las *buzzwords* de moda (como la misma palabra "*buzzword*") y tan ansiosa por subirse a la plataforma digital del momento, que olvidamos que nuestro trabajo no es innovar por el simple hecho de innovar, sino ver cómo cada una de esas novedades tecnológicas puede llevar a una mejora en la comunicación.

La razón por la que nos cuesta tanto replantearnos nuestro rol es porque, para lograrlo, tenemos que hacer una gran readaptación cultural. El tema con las adaptaciones culturales es que suelen ser más complejas y paradójicamente más subestimadas que las adaptaciones tecnológicas. No tenemos problemas para entender cómo funcionan las características técnicas de una nueva aplicación, una nueva plataforma de *streaming* o un nuevo teléfono celular. Pero sí nos cuesta entender las nuevas dinámicas sociales que esto genera, los nuevos códigos que se forman, las resignificaciones de los símbolos que ya conocemos.

Como sociedad hemos desarrollado un sesgo cognitivo que nos lleva a sobreestimar el impacto de los cambios tecnológicos y subestimar el impacto de los cambios culturales. Por algo la mayor parte de las representaciones más populares sobre el futuro (historias como *Volver al futuro*, *Minority Report* y *Odisea al espacio*, por nombrar solo algunas) vieron autos voladores, trajes metálicos y pantallas holográficas por todos lados, pero no vieron manifestaciones por los derechos de las mujeres, ideologías extremas a nivel global o personas trans en puestos de poder en los gobiernos.

Sin embargo, si miramos de cerca, los desafíos de adaptación más grandes que ha tenido que hacer la publicidad en los últimos diez años no tuvieron que ver con cambios en la tecnología *per se* sino con cambios en la cultura derivados más directa o más indirectamente de los cambios tecnológicos:

- la migración de la atención de las audiencias de canales tradicionales hacia nuevas plataformas,
- el movimiento Ni Una Menos en Latinoamérica, seguido por el movimiento #MeToo en el resto del mundo,
- la democratización de la creación de contenido y la consolidación de los influencers como líderes de opinión y vanguardia creativa.
- la llegada y crecimiento del lenguaje inclusivo,
- la creciente polarización social que a veces hay que esquivar para no caer muy de lleno en ningún lado de las múltiples grietas que se han formado.

Es decir, los desafíos más grandes a los que se enfrenta la publicidad son cambios cuya respuesta implica entender las transformaciones culturales, tanto a gran escala como a pequeña escala.

¿Por qué les cuesta a la mayoría de las marcas entender cómo crear contenido para las últimas plataformas sociales de moda? No son las capacidades técnicas las que faltan, sino tomar en serio esos espacios para los que queremos crear contenido, zambullirse en ellos y aprender a través de la experiencia. Pasar más tiempo en las redes sociales para las que estamos creando contenido y entender las motivaciones detrás de cada uno de los patrones de comportamiento que podemos ver ahí.

A lo que me refiero con esto es que la tarea de deshacerse de los sesgos cognitivos y entender en profundidad los matices de cada una de estas transformaciones sociales debe ser el núcleo de toda agencia que piense sobrevivir. Y debe ser tarea de todas las personas dentro de esa agencia como práctica cotidiana. No basta con que el departamento de estrategia traiga *insights*, que haya un puñado de personas dentro de la agencia encargadas de entender el contexto y las nuevas audiencias. Como personas que nos dedicamos a la comunicación debemos tener la amplitud mental y la capacidad analítica como para entender qué está pasando en el mundo de las personas a las que les estamos hablando. Ese debe ser el punto de partida para más tarde entender cuál es nuestro lugar dentro de esos mundos y cómo participar agregando valor en lugar de invadir.

Si hay un fenómeno que caracteriza a nuestra época, es que los cambios sociales suceden más rápido que nunca. Y solo es probable que este ritmo continúe. Desarrollar una sabia flexibilidad ante los cambios culturales, entonces, será el rasgo de adaptación que garantice nuestra supervivencia como especie de bichos de la comunicación, así como ciertas aclimataciones fenotípicas hicieron que algunas especies sobrevivieran a la lluvia de meteoritos que mató a los dinosaurios.

Si el *Homo sapiens* se ganó ese nombre por ser "sabio", su versión evolucionada debe ser quien analice, ponga en duda lo que sabe y genere nuevo conocimiento a partir de ese cuestionamiento.

El camino colectivo hacia una nueva agencia

¿Por qué partir desde algo tan abstracto? ¿Por qué hablar de *Homo sapiens* y de evolución y de sesgos cognitivos? Porque el camino hacia una nueva agencia implica dos elementos esenciales: una reconfiguración desde las bases (que necesita un entendimiento profundo de aquello en lo que estamos metidos) y un esfuerzo colectivo por parte de los distintos actores que forman parte del ecosistema de comunicación de marcas.

Lograr reinventar el modelo de agencia no es un fin en sí mismo, sino que tiene un objetivo, que es hacerle frente a los desafíos que enfrentamos actualmente para lograr comunicación más relevante para marcas y audiencias. Y una agencia de publicidad, después de todo, no es más que un actor en un ecosistema más grande. Para que la agencia pueda realmente cambiar, debe ser capaz de lograr una transformación articulada con otros actores de ese sistema.

Por un lado, están las instituciones que forman a los profesionales de la publicidad. Escuelas terciarias y universidades que, en su mayoría, forman personas para insertarse en el mundo actual de la publicidad, dándoles las herramientas para mantener el *statu quo* (cabe mencionar que además generalmente son privadas, hecho que agrega una barrera de entrada a la diversidad de personas que no pueden acceder a ellas y por lo tanto contribuyen al ambiente homogéneo que tenemos ahora, que por esa falta de variedad también sufre una falta de novedad). De allí salen personas con la ambición de integrarse al presente de la publicidad, no para pensar cómo debería ser el futuro. El problema de esto es que las nuevas generaciones entran a las agencias listas para perpetuar dinámicas y estructuras que ya son obsoletas. Se retrasa entonces el proceso de transformación de las agencias y se vuelve falsa la noción de que contratar personas más jóvenes, sin "los vicios" de la industria, nos traerá grandes cambios.

Quizás los principales actores en este ecosistema, junto con las audiencias, son los anunciantes. Ojalá haya alguna persona leyendo esto que trabaje dentro de una marca y ojalá que, si no lo son, le hagan llegar este texto a alguna que sí. Ha habido a lo largo del tiempo una serie de narrativas que separaban a las agencias y a "el cliente". Que las agencias no pensaban en la efectividad, que "el cliente" no entendía de creatividad, que la idea está fuera de *brief*, que el *brief* igualmente era malo, que las agencias solo querían hacer ideas que ganaran premios, que "el cliente" solo quería hacer ideas que los mantuvieran fuera de riesgos. Más allá de los hechos que funden cada una de las afirmaciones, y más allá de las experiencias personales que puedan estar pasando por sus cabezas en este momento, ninguna de estas creencias son constructivas para pensar un futuro donde la comunicación de marcas, hecha en conjunto con las agencias, sea relevante para sus audiencias.

Pero, como todo problema, tiene que ser reconocido para poder ser solucionado. Las agencias y los anunciantes suelen tener visiones distintas de cómo debería ser la comunicación, claro. ¿Por qué no sería así? Vienen de formaciones diferentes, tienen objetivos internos distintos e inquietudes personales también muchas veces variadas. Esto no quiere decir que sean opuestos, es más, pueden ser complementarios. Los anunciantes plantean objetivos, las agencias plantean los mejores caminos creativos para llegar a esos objetivos. Juntos, miden los resultados y plantean aprendizajes para seguir trabajando y mejorando. Los anunciantes deben confiar en que la agencia tiene el expertise necesario para aconsejarles qué es lo mejor para su marca y las agencias deben confiar en que los clientes tienen el expertise necesario para señalarles el qué mientras ellas descifran el cómo.

El nuevo modelo de agencia no se trata simplemente de nuevos roles, cargos con nombres que suenan muy bien en inglés y herramientas de organización que oímos que usan las grandes corporaciones de Silicon Valley. El nuevo modelo de agencia se trata de un cambio de mentalidad, por eso es tan difícil de alcanzar. Todo lo mencionado en la primera oración puede lograrse en un mes, un cambio de mentalidad conlleva un esfuerzo más grande, intencional y colectivo de parte de todo el ecosistema de comunicación de marcas.

Una agencia solo puede cambiar aliándose con los anunciantes, entendiendo cuáles son sus necesidades, poniendo por delante a las audiencias de las marcas con las que trabajan, resolviendo problemas en conjunto de una forma que inspire confianza. Las agencias que caminen hacia un nuevo modelo deberán estar menos enfocadas en ser la mejor agencia según la cantidad de premios ganados y más concentradas en ser la mejor agencia según los resultados que lleven para sus clientes y sus audiencias.

La comunicación de marcas no será relevante si las agencias no cambian, las agencias no cambiarán si no están dispuestas a trabajar genuinamente en conjunto con los anunciantes, los anunciantes no podrán trabajar en conjunto con las agencias (o con ningún otro actor, llegado el caso) si no confían en quien tienen enfrente. Ambas partes deberán asumir que el camino disruptivo es un camino con riesgos, y que lo mejor será compartir los éxitos y las derrotas que vengan con eso.

El futuro le pertenece a los curiosos

Lo ideal ahora sería compartir con ustedes una receta mágica que quite los sesgos cognitivos, nos haga a todos mucho más sensibles a los cambios culturales, capaces de responder a ellos con creatividad y tacto, trabajando en conjunto agencias y marcas, con las audiencias como foco principal.

Pero lo más cercano que hay a una receta mágica para un nuevo modelo de agencia es adoptar una humildad genuina, ganas de aprender y la voluntad de deshacer todas las viejas estructuras que están entorpeciendo nuestra "transformación astuta". Adoptar la actitud del *Homo sapiens* evolucionado, ese que es sabio porque se cuestiona permanentemente lo que cree que conoce.

Porque la verdad es que las agencias de publicidad sí han cambiado a lo largo del tiempo. El tema es que se les han hecho suficientes retoques como para que parezcan distintas pero no los suficientes como para que realmente funcionen de manera distinta.

Para empezar, seguimos teniendo un área que llamamos creatividad, poniendo no solo la mayor parte de la presión sino también la mayor parte de la gloria en ese grupo de personas, los designados "creativos". También un área de estrategia, donde están quienes guardan el conocimiento sobre el mundo de la marca, la competencia, las audiencias y el contexto. Dos áreas que funcionan, generalmente, como compartimentos estancos, con todas las incoherencias y los ruidos de comunicación que eso puede generar.

Si pensamos a las agencias como socios de las marcas que resuelven problemas con pensamiento estratégico y creativo, estas cualidades deberían ser transversales a todas las personas que las integran: quienes se dedican a identificar nuevas oportunidades de negocio, quienes se ocupan de las finanzas, quienes se enfocan en asegurar la calidad y la eficiencia de los procesos, quienes investigan a las audiencias, quienes piensan guiones, estéticas o experiencias de usuario, quienes se encargan de la producción, o de definir a qué líderes de opinión conviene aliarse.

Esto está atado a la definición de creatividad que utilizan las agencias. Que una idea no se solucione con un spot de sesenta segundos, con una gráfica o con un *stunt*, no quiere decir que no se solucione con creatividad. Hay creatividad en la creación de una aplicación, en el armado de una estrategia de influencers y en doscientos ochenta caracteres de Twitter. El camino hacia una nueva agencia no será posible limitando las definiciones de creatividad a unas parecidas a las que había en la década de los sesenta del siglo pasado.

Las dinámicas y estructuras de hace más de medio siglo tampoco son las mejores para crear soluciones para un mundo que ha cambiado casi por completo. Si bien las duplas creativas pueden haber sido la respuesta en su momento, probablemente no sean la respuesta al contexto actual. Modelos como mesas redondas con perfiles diversos y distintos líderes según el proyecto, con un equipo que lleve el *brief* trabajando en conjunto de principio a fin, pueden ser más adecuados para muchos de los desafíos que se presentan hoy día.

Pesa poco, sin embargo, qué equipo tengamos si la última decisión siempre la tiene el mismo puñado de personas. Podemos tener un equipo experimentado y diverso, pero si no hay un proceso de toma de decisiones en donde todas las voces sean no solo escuchadas sino tenidas en cuenta, no sirve de nada. La jerarquía piramidal puede funcionar en términos de pragmatismo, pero nos nutriríamos más de soluciones frescas y relevantes si, por ejemplo, cada proyecto tuviera un líder distinto según la naturaleza del *brief*, poniendo el acento en distintas miradas dentro de un mismo equipo.

Hay algo fundamental para un nuevo modelo de agencia. Algo que fue mencionado antes en el texto y que debe ser un mandato explícito para cada persona involucrada en comunicación: volver a salir a la calle, y cuando digo la calle, hablo de la calle concretamente, sí, pero también de los nuevos espacios donde los fenómenos sociales emergen y crecen. Ahora puede tratarse de Twitch, TikTok o Twitter. Tal vez para el momento en el que este texto llegue a las manos de alguien, esos espacios hayan sido reemplazados por otros. Pero siempre van a existir. Y tenemos que estar ahí no como meros observadores, sino como actores, creando cosas, cada uno de nosotros como individuos, no solo escondidos detrás de las marcas. ¿Por qué creen que estamos fallando en adaptarnos a las nuevas plataformas digitales? Estamos creando contenido para espacios con los que no estamos del todo familiarizados, espacios con códigos, dinámicas y personajes propios que ignoramos, porque como mucho nos asomamos a mirar de vez en cuando, sin ensuciarnos demasiado las manos.

Creo que esto vale la pena ser mencionado nuevamente: los desafíos más grandes a los que se enfrentan las agencias de publicidad son cambios cuya respuesta implica entender las transformaciones culturales, tanto grandes como pequeñas. Necesitamos eso para sobrevivir. Luego podemos pensar en volver a ser vanguardistas, cool y de avanzada, pero primero necesitamos ser relevantes.

Y si bien, exceptuando algunas pinceladas, a lo largo de este texto se puso el foco en la relevancia para audiencias y anunciantes, es igual de importante hablar de la relevancia a la hora de atraer talento. Debemos entender que un modelo de negocio serio no debería descansar en la seguridad de que día a día la mayor parte de los empleados dedicarán horas extra no pagas como regla y no como excepción. Esa idea puede haber funcionado tal vez en una época en que los salarios y lujos de la vida publicitaria equilibraban un poco la balanza. Pero querer continuar con esa "tradición", protestando acerca de cada nueva generación que se suma a la fuerza de trabajo, y pidiéndoles que "se pongan la camiseta" como forma falaz de exigir que pongan en segundo plano todos los demás aspectos de su vida como condición para estar y progresar en un trabajo es por lo menos necio. Especialmente cuando se ha probado una y otra vez que no necesariamente más horas equivalen a un mejor trabajo.

"Todavía hay mucho por hacer", me dijo alguien recientemente en una conversación que había tocado varios de estos temas. Una frase común que le hace frente a otra frase común: "ya está todo hecho". Está en nosotros si nos gana la soberbia de creer que ya sabemos cómo se hacen las cosas, o la sabiduría de entender que debemos cuestionarnos todo para aprender, transformarnos y evolucionar.

Todavía hay mucho por hacer, es cierto. Mucho por hacer, mucho por descubrir y mucho por aprender. Menos mal que es así, porque eso es lo que hace que intentar salvar esta profesión valga la pena: que el nuevo modelo de agencia sea un lugar donde las personas vuelvan a trabajar con entusiasmo, donde se hagan cosas que tanto las marcas como las audiencias (¡las personas!) realmente disfruten, ya sea porque sirve a sus objetivos de negocio a las primeras o porque les trae algo entretenido, interesante o útil a las últimas.

Es discutible si la publicidad es la mejor profesión del mundo o no, pero sí es claramente uno de los mejores lugares para los inquietos, los observadores y los curiosos de alma. Y cuando esas personas se juntan y empiezan a hacerse preguntas, todo puede pasar.

CAPÍTULO 12

El camino hacia cerrar las brechas

Por CINTIA GONZÁLEZ OVIEDO

Psicóloga de formación de grado con especializaciones en psicología cognitiva, sistémica y psicología positiva. Magíster en Marketing y Comunicaciones y candidata a Magíster en Género Sociedad y Políticas. Posee estudios en Innovación Positiva y es fundadora y directora de la Organización Bridge The Gap, especialista en Diversidad e Innovación. Fue directora de contenidos de Women Economic Forum Argentina y consultora del Banco Interamericano de Desarrollo (BID) para proyectos de género en sector privado, y en la actualidad es asesora de gobiernos en programas de inclusión e impacto. También es fundadora de la Comunidad Mujeres en Innovación.

El impacto de la perspectiva de género y la visión de la diversidad en las comunicaciones en el marketing y la publicidad es una tendencia muy reciente. En tan solo dos años, la industria pasó del requerimiento de alguna eventual charla sobre la temática al hecho de que presidentes de compañías, el C-Level (niveles gerenciales), directores de comunicaciones y de marketing (de toda Latinoamérica y Europa) requieran asesoramiento profesional en esta competencia.

Si bien algunas estadísticas señalan que llevaría unos 200 años cerrar la brecha de género, las conversaciones relacionadas con la temática se han acelerado y es clave gestionarlas en el marco de políticas colectivas. Estas ya no son cuestiones personales o charlas "de radio pasillo": son temas de gestión política y de management, que traen riesgos empresariales concretos.

A lo largo de mi experiencia he visto cómo las disciplinas del marketing y comunicación han construido estereotipos, como es el caso de la industria de la belleza, entre otras. Con el tiempo, la construcción de los modelos publicitarios me interpeló no solamente desde el punto de vista de los estereotipos con los que trabajaba sino también desde la misma construcción de marca, de los valores asociados, de lo que se suponía que nosotras deseábamos como consumidoras.

Los grandes laboratorios de tendencia del mundo presentaban cada año cuatro o cinco "tipologías" de mujer, que luego se traducían en la adaptación a productos y servicios. Muchas profesionales no nos sentíamos representadas con esta modalidad de trabajo y de reflejo de lo que se suponía era el mercado. Y puertas para adentro de las compañías, además, notamos que la gran mayoría éramos mujeres sin hijos, salvo alguna excepción, siendo ella la que tenía una gran dificultad para poder cumplir los horarios de las reuniones, algo que no era bien visto por el resto.

Además, los comentarios sobre los cuerpos de las mujeres en la oficina, cuestionando lo que luego se empezó a llamar estándares de belleza, comenzaron a ser las primeras puntas que con los años iban a cobrar otro sentido. Corrían los años 2009 y 2010 y muchas de estas inquietudes que parecían aisladas e individuales, se transformaron en el centro del cuestionamiento de políticas internas de Recursos Humanos y de las prácticas de marketing y comunicaciones de las marcas.

Interpelar a las marcas

Si bien este fenómeno se venía gestando en los ámbitos públicos, hasta hace poco más de un año las agencias de publicidad y de medios se mostraron un poco reticentes a adoptar este camino por no entender la necesidad de capacitarse en cuestiones que tienen que ver, por ejemplo, con erradicar los estereotipos de género tradicionales. Encajar en los cánones de belleza hegemónicos ha favorecido históricamente a quienes cumplen con estos patrones. Pero junto al avance de los movimientos sociales feministas y de la comunidad LGBT+, las nuevas generaciones han comenzado a requerir a las marcas mensajes socialmente responsables que no reproduzcan estereotipos sociales que marquen desigualdades, así como también una toma de posición política frente a determinadas cuestiones[1].

Las marcas que hoy refuerzan mensajes excluyentes comienzan a ser cuestionadas. Hay industrias, como la de la cosmética y la moda, en las cuales esto es más acentuado, pero aplica a todas las industrias de manera más o menos igual. Y esto es básicamente porque la publicidad ejerce un rol poderoso en la construcción del sentido social de aquello "válido" y "aspiracional". Un caso concreto ha sido el rebranding de la marca de lencería Victoria Secret, que ha dado un giro absoluto en las modelos que representan la marca, pasando de las supermodelos de pasarela icónicas de la marca a elegir ahora modelos de rol de mujeres que han logrado metas profesionales en diversas industrias, más que ser modelos por su estética[2].

Cuando hoy hablamos de la agenda de las empresas en materia de diversidad, inclusión y género hablamos no solo de conversaciones que las audiencias ya no dejan pasar sino como una agenda que de no tratarse al interior de una empresa comienza a ser parte de lo que se llama cultura de riesgo. Es decir, una cultura donde se fomentan comportamientos, sesgos y actitudes influyentes que generan desigualdad de oportunidades hacia algunas personas, a la vez que generan desventajas competitivas para una empresa en materia de talento, decisiones de negocios, reputación e imagen corporativa.

La creación del primer sello de certificación para agencias de publicidad y comunicación en temas de género y diversidad (Sello Púrpura[3]) refleja la aceleración del impacto de estos temas, ya sea por el impulso de los movimientos sociales, por las tendencias en contenidos o por el impacto de las crisis de reputación que han afectado a grandes marcas. Y todos es-

1 https://revistag7.com/informe-especial-las-marcas-van-al-cielo/
2 https://www.nytimes.com/es/2021/06/16/espanol/megan-rapinoe-victorias-secret.html
3 https://sellopurpura.com/

tos hechos dan cuenta de la creciente importancia de las temáticas sociales en la construcción de marcas. Hoy son más de 200 las empresas que se han postulado para llevarla a cabo y ya son más de 10 las agencias que han pasado por este proceso que se inició en 2021 en 6 países de América Latina, liderados por las organizaciones como Publicitarias.org y Bridge The Gap.

Hoy la diversidad y la heterogeneidad como modelo social de culturas corporativas son materia prima para sectores y mercados laborales que necesitan ser disruptivos y repensarse. No alcanzan las políticas de prevención y tratamiento del acoso, por ejemplo, si no se acompañan con un proceso de transformación cultural. La inclusión comienza en una empresa que fomente una cultura libre de discriminación de oportunidades en un sentido amplio.

Nuevos marcos conceptuales

En 2017 comenzó en Argentina una muy incipiente demanda del tema, siendo este país pionero en la región. Lo que más abundaba era la necesidad de aplicar "perspectiva de género" en las comunicaciones a partir de casos que fueron repudiados en las redes sociales por sus mensajes, frente a equipos creativos que no entendían cuál había sido el problema. Aún sigue habiendo a mi entender muchísima confusión conceptual y carencia de conocimientos en este sentido. Dos años más tarde comenzó una creciente capacitación en las primeras marcas y agencias del país no solo en conceptos teóricos sino también desde su aplicación práctica, en aspectos como la resolución de un *brief* de clientes, el desarrollo de campañas, la curaduría de contenidos, el desarrollo de procesos o el armado de células de comunicación dentro de las compañías.

Hacia 2019 comenzó una demanda para adaptar discursos de CEOs y a brindar asesorías en comunicación política dentro de las compañías. Ahí se dio un cruce de campos que no se tocaban hasta entonces, cuya definición en sí misma es innovación. De ahí en adelante comienza el desarrollo de un cuerpo conceptual inédito en esta materia.

En primer lugar, vale diferenciar las líneas en comunicación de "feminización de las marcas" desarrolladas desde 2005 aproximadamente, por un lado, de la "perspectiva de género", por el otro. Es decir, de la aplicación de lo que mal se llama "comunicación femenina", o supuestamente femenina, para el desarrollo de nuevos productos y servicios, diversificando la comunicación tradicional.

Uno de los ejemplos es que empezaron a aparecer propuestas de productos en industrias como la automotriz, donde se empieza a hablar a partir del uso concreto que las mujeres le dan a los vehículos, en vez de la tradicional publicidad de automóviles asociada a un varón exitoso, con símbolos de libertad, autonomía y fortaleza. Empiezan a surgir en Europa, puntualmente en España, y cito aquí a Gemma Cernuda[4] con su trabajo sobre la feminización de las marcas y su trayectoria. Ella fue una de las pioneras en asesorar acerca de cómo desarrollar marcas feminizándolas de manera diferencial.

Sin embargo, aún se confunde esto con "aplicar la perspectiva de género", que es un enfoque muy diferente a la feminización de las marcas. La última solo requiere estudiar el target sin cuestionar ningún proceso de trabajo; en cambio, la perspectiva de género y de diversidad cuestiona los procesos de trabajo y las políticas internas, además del cuerpo de conocimientos aplicado. Requiere la aplicación de teoría de género y marcos más amplios.

Con el transcurrir del tiempo, el contexto con relación a la perspectiva de género también se modificó. Hasta ese entonces, en muchos espacios y charlas las marcas pedían no pronunciar la palabra género porque "quedaba antipático" o generaba resistencia. Un año después, esas mismas marcas tenían, en muchos casos, a su gerente de marca o de marketing hablando de perspectiva de género como *claim* de campaña. Todos estos fueron movimientos que se dieron en menos de dos años.

Esto evidencia la curva de aceleración de estas agendas en el marco de las comunicaciones y es necesario saber que invalidar o subestimar es-

4 https://ellasdeciden.com/sobre-gemma-cernuda/

tos temas ponen a las marcas, agencias y empresas en desventajas temáticas que más tarde que temprano tendrán que revisar en alguna medida.

Herramienta clave de valor y diferenciación

En este contexto es lógico que surjan algunas preguntas: ¿Cómo anticiparnos a ciertas tendencias? ¿Cómo los movimientos sociales o el impacto social empezaron a tener mayor injerencia en la construcción de las marcas, sus valores asociados y sus capacidades de *insights* y ejecución?

La llamada cultura de la influencia en este sentido, especialmente en comunicación digital, ha sido amplificada en las redes sociales a través de nuevos influencers que han dado voz a sectores que desde la comunicación tradicional no han tenido eco. Diversidad de cuerpos que desafían los modelos hegemónicos, otras identidades culturales, voces de la comunidad LGBT+, cuestionamientos de las culturas sexistas, las llamadas "minorías" han encontrado réplica a través de la horizontalidad de las redes sociales y han acercado nuevos valores esperados en aquello que consumimos.

Sin embargo, aún persiste en buena medida cierta creencia acerca de que con una capacitación o "charla social" se resuelven las necesidades de los equipos en términos de perspectiva de género y diversidad. Hemos visto marcas que llevaron a cabo charlas esporádicas a lo largo de 2 o 3 años pero que, sin embargo, muy pocas personas de estos equipos tenían herramientas conceptuales: no podían definir a la perspectiva de género, o estaban sesgadas con pensar en género como algo solamente asociado a cuestiones sociales o de organizaciones no gubernamentales. Esto concluía en procesos fallidos de campañas ejecutadas pobremente donde las ideas se reducían a "los debates de opiniones" de los equipos, y no a argumentos basados en conocimientos específicos.

La perspectiva de género es transversal a la construcción de cualquier comunicación hoy en día, y su efectividad es mucho más impactante cuanto más invisible es esa curaduría de contenidos. Un buen caso en ese sentido es, por ejemplo, Netflix, que desde hace muchos años cuenta con una vicepresidenta de diversidad e inclusión y se pueden encontrar muchos contenidos con perspectiva de género, a pesar de que la palabra género ni siquiera existe y tampoco es percibido por el público como un contenido curado. Sin embargo, a ojos de los especialistas, uno puede entender cómo eso fue pensado desde un lugar teórico y técnico de perspectiva de género. En las puertas de 2022 aún estamos en ese espacio de entender la importancia de la profesionalización de estos contenidos y, también, la importancia de la capacitación.

Pese al camino recorrido, muchos actores todavía creen que estos temas se resuelven con una charla o con un taller de tres encuentros, cuando en realidad es algo que requiere un proceso mucho más complejo. Podemos advertir que la mayoría de los equipos de trabajo de marketing y comunicación no saben definir la perspectiva de género, y tampoco lo toman como un tema de capacitación profesional sino como una sensibilización donde ellos apuntan a reflexionar sobre cuestiones sociales. Lo concreto es que hay una cuestión de *mindset* que funciona como limitante para la incorporación de estas capacidades.

Un CEO de una compañía que trabaja el tema de manera muy responsable confesó recientemente: "Yo no quiero solamente resolver una crisis de reputación, sino que quiero ser punta de lanza en estos temas". Y una de las cuestiones a tener en cuenta es que, para ser punta de lanza, se necesita instalar las capacidades en el equipo porque de lo contrario solo se evitarán problemas en las audiencias y no se comprenderán las oportunidades de *branding* perdidas.

Creatividad y nuevas oportunidades de branding

El desarrollo de estas capacitaciones, junto a Melanie Tobal directora y fundadora de Publicitarias, nos motivó a crear Diversity School, el primer programa de capacitación en diversidad y género para equipos de comunicaciones para agencias y marcas en toda Latinoamérica y, luego creamos la agencia de publicidad Hermana, con la cual hemos tenido ejemplos concretos acerca de la importancia de trabajar con estas perspectivas en la comunicación, no solamente de campañas sociales de ONGs sino también de la comunicación en general.

Lejos de ser campañas donde la creatividad "se restringe" como suele ser pensado sesgadamente, se amplía la mirada de nuevos enfoques. Un gran caso de campaña viral donde se aplicó este enfoque fue la campaña "Los ayudadores"[5] de Bridge The Gap[6] para la Iniciativa Spotlight (un programa de la ONU y Unión Europea) que se viralizó por Whatsapp y por redes sociales sin ningún tipo de pauta publicitaria en 28 países llegando a destinos como Turquía[7].

Al aplicar la perspectiva de género y diversidad en los contenidos se abren nuevas oportunidades creativas y se logra escalar impacto en las comunicaciones. Aún se ven publicidades con una combinación de falta de asesoramiento adecuado, por un lado, y una falta de entendimiento del impacto de escala de trabajo, por otro.

Otro de los desafíos que surgieron sobre todo en las capacitaciones tiene que ver con el planteo que hacen los equipos de trabajo y que se repiten prácticamente como regla en todos los espacios de capacitación: "¿Cómo compatibilizar la perspectiva de género con lo que me pide el cliente?"; "¿Cómo hago para llevar la perspectiva de género si mi target y los *insights* de los *focus groups* en realidad me muestran otra cosa?". O bien: "¿Cómo marcar ese ámbito de la marca para llevar una perspectiva de género y que no quede por fuera de lo que es el branding de una marca?". Las respuestas a estas preguntas demuestran que es fundamental la capacitación para desarrollar la capacidad de argumentación, dado que cuando no se puede explicar se pierde la oportunidad tanto con el cliente externo como con los clientes internos, así como con las posiciones de decisión.

Un tema recurrente dentro de las agencias es la idea de que las

5 https://smoda.elpais.com/feminismo/los-ayudadores-yomeocupo-viral-carga-mental-femenina/
6 https://btglatam.com/
7 https://750.am/2020/11/08/movimos-el-avispero-y-tuvo-repercusion-mundial-dijo-la-responsable-de-la-campana-los-ayudadores/

cuestiones de género las manejan "las chicas", y aun si ellas no participan en reuniones con clientes o no están en lugares de poder, las suelen llamar para este tipo de proyectos. Como si ser mujer, aun siendo feminista, por ejemplo, garantizara tener una perspectiva de género. Hay mucha confusión entre hacer una comunicación con tono activista o feminista y la aplicación práctica de perspectiva de género, que son dos enfoques que pueden ser complementarios o no.

Este es un modelo que posibilita separar, por ejemplo, feminismo, o activismos, o comunicación activista, por un lado, de una comunicación con perspectiva de género, por el otro. Trazar esa diferenciación es muy importante en el trabajo con los equipos, y es una de las claves para poder traccionar el cambio cultural también puertas adentro de las agencias.

El trabajo debe evaluar la situación de cada organización en materia de diversidad como cultura, políticas y procesos, así como también revisar la comunicación de la empresa y de esta manera detectar las dimensiones más estratégicas que requieren intervención. Este punto es una preocupación de muchos directivos y directivas de empresas que quieren evitar caer en una acción de "*pink washing*", es decir una acción comunicacional superficial que carezca de consistencia al no estar implementadas puertas para adentro de la compañía. "No queremos decir nada de nuestra marca si aún no tenemos un trabajo interno hecho", es la frase recurrente que se suele escuchar. Muchas veces las empresas deciden primero trabajar en políticas internas antes de comunicar algo en su marca.

Sello púrpura

En esta búsqueda por cambiar viejos hábitos de la comunicación hemos recibido el *feedback* de marcas y de organismos internacionales que han comprendido el impacto diferencial que tiene trabajar con una agencia que aplica perspectiva de género y una que mantiene la visión tradicional.

Aún la inmersión de los equipos en estas temáticas suele ser vista como "una capacitación a la que mandamos a los chicos y a las chicas para que escuchen". Es decir, como algo necesario, pero no como una herramienta clave que aporta valor y diferenciación. En este sentido, vimos la oportunidad junto a Iniciativa Idea, el foro de impacto social y el laboratorio de innovación social de *Planned Parenthood*, para desarrollar una certificación para las agencias de publicidad donde pudieran entender la importancia de ser parte de un directorio de agencias capacitadas en perspectiva de género.

Con este objetivo nació Sello Púrpura, en el que existen 250 agencias inscriptas para recibir información. Por otro lado, a través de la postulación al proceso se están recibiendo aproximadamente más de 200 autodiagnósticos de toda América Latina. Este primer piloto del programa de certificación consta de varias etapas: en primer lugar, un autodiagnóstico, la firma de una carta compromiso, es decir, un diagnóstico de cómo se encuentra una agencia en términos de igualdad de género hacia el interior y exterior firmada por las máximas autoridades responsables de las agencias que se comprometen también a ser parte de la capacitación.

Una exigencia importante de esta capacitación es que no se la encomienden solamente a personas de baja responsabilidad sino a aquellas con el mayor poder de decisión dentro de la agencia, como en cualquier proceso de certificación. El desafío está en términos de cambiar *mindset*: pensar que esto tiene más que ver con un proceso de mejora y no con una cuestión ideológica, dado que todavía muchas agencias piensan que adoptar o no este tipo de perspectivas es una cuestión meramente ideológica y no una cuestión de negocios.

A las agencias seleccionadas que atraviesan el programa de capacitación, totalmente gratuito, se las capacita no solamente en conceptos teóricos sino también en cómo resolver las cuestiones de los procesos de trabajo que van surgiendo durante la tarea con clientes y marcas de cualquier tipo, no solamente de campañas sociales. Por último, se trabaja con las agencias en cómo desarrollar un plan de acción, el cual deben presentar y, una vez aprobado, pasan a estar certificadas y a ser parte del directorio.

Es importante resaltar que lejos de ser una forma de "lavado de imagen" de las agencias este sello pretende ser un proceso de trabajo que consiste en mejorar indicadores. Estos se miden año a año para mantener la certificación activa. Actualmente, la certificación está en la fase de optimización y escala de este proceso que empezó a ser una necesidad por la demanda cuantitativa existente.

Hacia la profesionalización

Otros de los desafíos actuales con relación a la profesionalización de la temática tienen que ver con la curaduría de contenidos y con las dinámicas de reconocimiento de las agencias y de su trabajo. Hubo casos de curadurías o consultorías concretas de campañas donde no se incluyeron en la ficha técnica el trabajo de las consultoras de diversidad de género o de especialistas en la temática, aunque sí otro tipo de contrataciones. Muchas veces estas curadurías son centrales y viran la creatividad en todo sentido. Esto habla mucho de lo que todavía hace falta en el sistema de reconocimiento alrededor de las temáticas de perspectiva de género y diversidad. También se trata del reconocimiento de las agencias independientes, de aquellas mujeres autónomas, especialistas en la materia y también de otras disidencias que trabajan y gestionan en torno de la temática y que pueden ser el factor clave de éxito de una campaña.

De esta manera, si una campaña obtiene un premio, pero ese reconocimiento del equipo consultor quedó invisibilizado, trabajar perspectiva de género justamente no puede atentar contra el proceso de trabajo y de reconocimiento de ese aporte. Es central empezar a hablar de que la curaduría de contenidos no solamente es revisar si las cosas están bien o están mal a ojos de personas fuera de la especialidad, sino que muchas veces significa cambiar el corazón creativo de una campaña. Ese trabajo tiene que ser reconocido y valorado; caso contrario no estamos aplicando una perspectiva de género de manera integral en todo el proceso de trabajo. El hecho de que el trabajo no sea reconocido en la ficha técnica, a nivel de propiedad intelectual, no solo carece de perspectiva de género sino también de perspectiva ética.

Construcción de la influencia

Cuando se habla de la cultura de la influencia se hace referencia a la intervención directa de variables sociales que implican mucho más que tener opiniones y puntos de vista: supone también tener una visión de la profesionalización del tema. En definitiva, significa:

- Argumentación más allá del debate. Estas temáticas muchas veces posibilitan la apertura del debate para opinar y hasta ahí llega el proceso de trabajo de muchos equipos, es decir: *"opinemos todos sobre este tema y veamos qué sacamos en común"*. Pero la propuesta es profesionalizar esos espacios para que no sean un lugar tentador para el debate sino para la argumentación basada en conceptos teóricos.
- Trabajar en la construcción de marcas con propósito y de branding inclusivo a partir de determinados cambios de políticas, sobre todo en las casas matrices. Se trata de trabajar en lo que se refiere a las políticas globales de las marcas que llegan a América Latina con este requerimiento: "necesitamos una marca que sea percibida como inclusiva, ¿cómo lo hacemos?". Muchas veces, ante la falta de equipos o habilidades con competencias se trabaja la construcción de las marcas, de tal modo que habiliten un nuevo campo de conocimiento y de desarrollo profesional.
- Compensar la idea de que la cuestión de género se resuelve simplemente con la propuesta de cupo representacional. En este sentido no resulta suficiente, dentro de una campaña, incluir una persona de cada diversidad en una gráfica o en una publicidad, es decir, abordar la perspectiva de género y diversidad solamente como una cuestión de representación de ciertas comunidades que se hagan visibles en una comunicación. Hoy el desafío es superar esta idea de diversidad como "cupo" en las comunicaciones, y que con ello ya "cumplimos" con la diversidad. En el mismo sentido,

hoy casi la mayoría de las publicidades de limpieza del hogar o cuidado de niños tienen un varón como protagonista casi como para "evitar críticas", resultando en un recurso poco creativo y forzado. La creatividad con un marco inclusivo no puede quedar atada a estas opciones simplistas.
- La creatividad en cuestión. Otra creencia es la que tienen muchas veces los equipos que entienden la perspectiva de género y diversidad como algo que les coarta la creatividad, como si fuera un corset donde hay cosas que se pueden decir y cosas que no. Esto genera desconfianza y la idea de que hay cosas que están bien o que están mal. Es decir, en general se limitan a una dualidad de cuestiones ideológicas de lo políticamente correcto, que no tienen nada que ver con la aplicación conceptual de estas temáticas a las comunicaciones.

La construcción de los nuevos influencers de las marcas es una tarea que conecta dos cuestiones que muchas veces se ven como cuestiones separadas: por un lado, las cuestiones sociales de diversidad y, por el otro, las construcciones del marketing que muchas veces son vistas desde un punto de vista tradicional, sin incorporar la visión sociocultural de otros campos de conocimiento.

Si bien las ciencias del comportamiento y, en este sentido, la psicología principalmente, colaboran todavía hoy en la construcción de la publicidad y como esta influencia en los consumidores, cuando trabajamos en temas de diversidad y perspectiva de género se las entiende como cuestiones de impacto social o ligadas a organismos no gubernamentales o asociaciones civiles.

Para llevar a cabo esta tarea hay que empezar a hablar de nuestra problemática: branding inclusivo, benchmarking, desde la diversidad y, lo más importante, empezar a intervenir o *hackear* los procesos de trabajo. Saber qué tipo de profesionales convocamos para la construcción de las marcas para el trabajo en branding y marketing y qué aportes obtenemos de las Ciencias Sociales, cómo construimos esa influencia desde lugares y cuerpos teóricos que muchas veces están asociadas simplemente a los activismos. En esta experiencia, pude vivenciar de manera personal la toma de posición de las marcas y, justamente, en esta toma de posición detectamos una necesidad a la que se vieron obligadas muchas de ellas.

En este sentido, me parece relevante traer el caso de la campaña "Detectemos lo demás"[8] sobre el cáncer de mama, para Directorio Legislativo, Fundación Donde Quiero Estar y MACMA (Movimiento Ayuda Cáncer de Mama). En este caso se propuso aplicar la perspectiva de género en toda la cadena de valor, no solo en la pieza sino en la contratación de mujeres en la producción, preproducción, dirección y ejecución de la pieza, así como también en la incorporación de otros tipos de modelos de cuerpos o de disidencias sexuales en la audición (casting). Este es un valor central y coherente en el diseño de campañas con perspectiva de género y diversidad.

Durante el proceso de rodaje, varias profesionales remarcaron que las campañas de género muchas veces son presentadas al cliente por mujeres, cuando no son parte del proceso de decisión. Cuando hablamos de profesionalización también nos referimos a esto: no puede haber una cadena de valor o una campaña con perspectiva inclusiva que no promueva cambios hacia el interior de las agencias.

Hackear el proceso de toma decisiones

La diversidad debería ser vista no solo como una manera de construir piezas responsables o inclusivas por "moda" sino también como una oportunidad. En el fondo lo que se está tratando de hackear, de alguna manera, es el *statu quo* y la construcción del poder en todas las industrias. Y esto también implica repensar los procesos en la industria publicitaria y cómo se construye de poder. Ese cuestionamiento no es cómodo ni inmediato, pero estamos en ese proceso de cambio.

8 https://www.dondequieroestar.org/campa%C3%B1as

Una mirada amplia de la problemática entiende a la diversidad como un motor de cambio e innovación, y tanto Latinoamérica como las comunidades de las minorías deberían liderar este cambio. Quienes estamos involucrados con estos temas creemos firmemente que desde América latina tenemos la posibilidad de presentar nuevos modelos de inclusión con idiosincrasias latinas, en donde tradicionalmente se adoptan cuestiones que están estructuradas desde los países centrales.

Ejemplo de esto es que son muchas veces agencias de países como Estados Unidos las que consultan a organizaciones latinas sobre cómo se trabaja en planes de diversidad o de inclusión para la selección de personal, de talento y en el desarrollo de piezas comunicacionales. Al revés de lo que sucede en otros temas donde adoptamos metodologías de países centrales, en materia de diversidad, son países latinos como Argentina los que lideran y construyen metodologías de exportación.

Creo que esto es un indicador de cómo estamos innovando en los países del sur del mundo, generando ese cambio y toda oportunidad de desarrollo. Es una oportunidad para hacer un mundo más igualitario.

Se trata de un momento único, donde las lógicas tradicionales pierden peso. Lo que antes era deseable ya no lo es y lo que antes era un "modelo social", hoy es cuestionado. Si lo vemos solo como una tendencia más, donde podemos elegir "subirnos o no", perdemos oportunidades de impacto en un mundo donde los negocios hoy tienen además un propósito en su centro mismo. La elección de un modelo social no es algo asociado al área de RSE o Sustentabilidad sino que es intrínseco a los nuevos modelos de negocios.

Los consumidores hoy, especialmente las generaciones de late millennials y centennials quieren marcas que representen valores de un mundo más igualitario. Y con el aumento creciente del descreimiento de la política como impulsor del cambio social, son las marcas las que representan la credibilidad y la apuesta por un mundo más justo e igualitario.

www.ingramcontent.com/pod-product-compliance
Ingram Content Group UK Ltd.
Pitfield, Milton Keynes, MK11 3LW, UK
UKHW062255290726
14090UKWH00017B/696

9 789878 358925